Giorgio Armellino

G. Armellinos Kunst des Klavierstimmens

Vollständigen Anleitung zur Erhaltung und Wiederherstellung gebrauchter sowie

zur Prüfung neuer Instrumente

Giorgio Armellino

G. Armellinos Kunst des Klavierstimmens
*Vollständigen Anleitung zur Erhaltung und Wiederherstellung gebrauchter sowie
zur Prüfung neuer Instrumente*

ISBN/EAN: 9783743491984

Hergestellt in Europa, USA, Kanada, Australien, Japan

Cover: Foto ©Lupo / pixelio.de

Giorgio Armellino

G. Armellinos Kunst des Klavierstimmens

Neuer Schauplatz

der

Künste und Handwerke.

Mit

Berücksichtigung der neuesten Erfindungen.

Herausgegeben

von

einer Gesellschaft von Künstlern, technischen Schrift-
stellern und Fachgenossen.

Mit vielen Abbildungen

1812

Einundzwanzigster Band.

Armellino, Kunst des Klavierstimmens.

Vierte Auflage.

Weimar, 1881.
Bernhard Friedrich Voigt.

G. Armellinos

Kunst des Klavierstimmens,

nebst

einer vollständigen Anleitung zur Erhaltung und
Wiederherstellung gebrauchter, sowie zur Prüfung
neuer Instrumente.

Zum Selbstunterricht

für angehende Stimmer, sowie für alle Klavierbesitzer.

———

Vierte verbesserte und vermehrte Auflage.

Mit 26 Figuren und mehreren Notenbeispielen.

Weimar, 1881.
Bernhard Friedrich Voigt.

Inhaltsverzeichnis.

Das Instrument.

§ 1. An jedem Klavier oder Pianoforte, welcher Gattung es auch angehören möge, unterscheidet man drei Hauptteile: den Kasten, die Klaviatur mit dem Mechanismus (der Mechanik) und die Besaitung mit dem Resonanzboden.

§ 2. Zum Kasten rechnet man nicht bloß das äußere Gehäuse, welches das Ganze umkleidet, sondern auch diejenigen inneren Teile, welche dem Instrumente die nötige Festigkeit geben, so daß es dem Zuge der Saiten zu widerstehen vermag. Man bezeichnet dieses mehr oder minder komplizierte System von Verspreizungen auch mit dem Namen Rast.

Ihrer äußeren Form nach sind die Pianoforte entweder Flügel oder Pianinos oder tafelförmige Instrumente.

Früher waren hauptsächlich Flügel und tafelförmige Instrumente bei uns im Gebrauch; in neuerer Zeit aber verschwinden letztere mehr und mehr, und an ihre Stelle treten die aufrechtstehenden Instrumente oder Pianinos, welche eine viel geschmackvollere Form besitzen und dabei weniger Raum einnehmen, was sie namentlich für die Inhaber beschränkter Wohnräume sehr schätzenswert macht. Außerdem läßt sich auf dem Pianino ein kräftigerer und

vollerer Ton erzeugen, als auf einem tafelförmigen Instrumente. Wenn gegenwärtig noch viele Leute der Ansicht
sind, ein Pianino sei weniger haltbar als ein tafelförmiges
Piano, so ist dies ein Vorurteil. Allerdings sind früher,
als man in der Konstruktion aufrechtstehender Instrumente
noch weniger Erfahrung hatte, viele derartige Instrumente
in den Handel gekommen, die wenig haltbar waren, und
im allgemeinen erfordert die Auswahl und Zusammenfügung
der Materialien bei einem Pianino eine ganz besondere
Sorgfalt, wenn nicht mit der Zeit das Ganze sich werfen
soll. Allein gegenwärtig lassen die aus soliden Fabriken
hervorgegangenen Pianinos auch in Bezug auf Haltbarkeit
nichts mehr zu wünschen übrig.

§ 3. Die innere Einrichtung des Pianofortes ist je
nach der äußeren Form, nach der Art der Besaitung und
der speciellen Konstruktionsmethode des Instrumentbauers
sehr verschieden. Auf diese verschiedenen Konstruktionen
hier einzugehen, ist nicht möglich; wir müssen uns begnügen,
hier bloß in allgemeinen Umrissen die Hauptstücke zu bezeichnen, es jedem Leser anheimgebend, sich durch genaue
Untersuchung seines Instrumentes mit den Details der Konstruktion desselben vertraut zu machen, oder durch Studium
dahin einschlagender Schriften sich weitere Aufschlüsse zu
verschaffen*).

§ 4. Die Gesammtheit der Tasten, durch deren Nie-
derdruck der Mechanismus des Hammerwerkes (die Mechanik) in Bewegung gesetzt wird, heißt Klaviatur oder
Tastatur. Sie besteht zunächst aus einem breiten, vier-
eckigen Rahmen, dessen drei Querleisten die Tasten tragen
und an deren beiden Enden zwei stärkere Seitenleisten ein-
gefügt sind. Auf der mittelsten, über die beiden andern
etwas hervorragenden Querleiste, dem Wagebalken, befindet sich eine Reihe starker Stifte oder Zapfen, die den

*) Für solche Studien ist zu empfehlen: Blüthner und
Gretschel, Lehrbuch des Pianofortebaues in seiner Geschichte,
Theorie und Technik. Mit Atlas von 17 Tafeln. — Weimar
1872. B. F. Voigt.

Taſten als Achſe oder Drehpunkt dienen. Die vordere, etwas niedrigere Querleiſte trägt ebenfalls eine Reihe Stifte, beſtimmt, die Taſten in ihrer Richtung feſtzuhalten.

Die Taſte ſelbſt iſt ein einfacher Hebel, der, am vorderen Ende niedergedrückt, mit dem andern Ende die Mechanik in Bewegung ſetzt, wodurch der Hammer gegen die Saiten geſchnellt wird.

In einzelnen Fällen, namentlich wenn der Hammer bei Flügeln oder tafelförmigen Inſtrumenten nicht, wie gewöhnlich, von unten nach oben, ſondern von oben nach unten ſchlägt (ſo z. B. bei den Inſtrumenten von Stöcker in Berlin), ſind andere Arten der Auflagerung der Taſte im Gebrauch. Allein im ganzen ſind ſolche abweichende Anordnungen ſelten.

§ 5. Die Mechanik beſteht aus zwei Hauptteilen, aus dem Hammerwerk, mittels deſſen die Saiten in Schwingungen geſetzt werden, und aus der Dämpfung, welche die Schwingungen unterbricht und die Saiten wieder zum Schweigen bringt.

Die Mechanik iſt der wichtigſte und ſchwierigſte Teil des ganzen Inſtrumentes, denn von ihm hängt hauptſächlich ſowohl der Anſchlag, als auch die Fülle, Weichheit und Klangfarbe des Tones ab. Früher von ſehr einfacher und unbefriedigender Konſtruktion, hat ſich ſeit etwa fünfzig Jahren die erfinderiſche Thätigkeit der Klavierbauer vorzugsweiſe dieſem Teile zugewendet und iſt durch ihren regen Wetteifer bereits eine hohe Vervollkommnung des Inſtrumentes im allgemeinen erzielt, während doch zugleich die faſt unüberſehbare Mannigfaltigkeit der ſo verſchiedenartig komplizierten Mechanismen hinreichend darthut, daß der Höhepunkt der Vollendung noch nicht erreicht iſt.

Der Hauptunterſchied zwiſchen der älteren deutſchen Mechanik und den neuern engliſchen und franzöſiſchen Konſtruktionsmethoden*) beſteht darin, daß bei dem erſteren der Hammer mittels einer geeigneten Kapſel auf dem Hinter-

---

*) Blüthner u. Gretſchel, Lehrbuch des Pianofortebaues, S. 190—198.

1*

arm der Taſte ſelbſt befeſtigt iſt, während bei den neueren
Mechaniken die Hämmer unabhängig von den Taſten in dem
ſogenannten Hammerſtuhle befeſtigt ſind. Auch die Dämpfung zeigt bei den verſchiedenen Mechaniken verſchiedene Anordnungen, doch muß rückſichtlich des Näheren auf ſpeciellere
Werke verwieſen werden.

§ 6. Die Beſaitung. Beim Aufmachen des Kaſten-
deckels neuerer Inſtrumente zeigt ſich die Beſaitung in
ſymmetriſcher Ordnung aufgeſpannt, ſo daß ihre Stärke im
Verhältnis mit ihrer Länge zunimmt. Das eine Ende der
Saite bildet eine Schlinge, mittels welcher ſie an einem
Stift, der auf der Schlingenleiſte ſteht, eingehängt iſt.
Statt der früheren hölzernen Schlingenleiſten findet man
in neuern Inſtrumenten eine eiſerne Anhängeplatte,
in welcher die Stifte befeſtigt ſind, was als eine weſentliche
Verbeſſerung betrachtet werden muß, weil die hierdurch er-
zielte größere Feſtigkeit die Anwendung ſtärkerer Saiten ge-
ſtattet, wodurch der Ton an Kraft und Fülle gewinnt.

Das andere Ende der Saite iſt um einen eiſernen
Wirbel gewunden, durch deſſen Umdrehung nach rechts
oder links ſie ſchärfer angeſpannt oder nachgelaſſen werden
kann. Dieſe Wirbel ſind in einen ſtarken, aus mehreren
Lagen Buchenholz mit gekreuzter Faſerrichtung gebildeten
Balken, den Wirbel- oder Stimmſtock, feſt einge-
ſchlagen.

§ 7. Unter den Saiten oder, bei aufrechten Klavieren, hinter denſelben, breitet ſich eine dünne Tafel von
Fichten- oder Tannenholz, der Reſonanzboden aus, der
die Vibration der Saiten aufnimmt, wodurch der Ton kräf-
tiger und eigentlich erſt muſikaliſch verwendbar wird; denn
die Saite für ſich allein giebt nur einen ſchwachen Ton.
Der Reſonanzboden giebt aber dem Tone auch zugleich einen
großen Teil der eigentümlichen Klangfarbe, die jedem
Inſtrumente eigen iſt. Doch iſt auch die Belederung der
Hammerköpfe und anderes von weſentlichem Einfluſſe hierauf.

§ 8. Dicht vor den Wirbeln befindet ſich eine Reihe
Stifte, an die ſich die Saiten anlehnen, und gegen das

Ende des Resonanzbodens läuft auf demselben eine gebogene Leiste, der Resonanzbodensteg, mit einer doppelten Reihe ähnlicher Stifte hin, die in Verbindung mit jener ersten die Bestimmung haben, die Länge des frei vibrirenden Teiles der Saite zu begrenzen. Man nennt diese Stifte Schränkstifte. Statt der Schränkstifte wendet man auf dem Stimmstocke jetzt meist Agraffen an. Der Resonanzbodensteg hat übrigens als Hauptbestimmung die, die Schwingungen der Saiten auf den Resonanzboden zu übertragen.

Eine Reihe von Stiften, welche auf der Anhängeplatte vor den Schlingenstiften stehen, dient nur zum Auseinanderhalten der Saiten.

Das Arrangement der Saiten ist übrigens verschieden. Früher ordnete man sie immer in einer Ebene an, jetzt trifft man bei allen drei Arten von Instrumenten häufig die gekreuzte Saitenlage, bei welcher die Baßsaiten über die anderen hinweg laufen.

Neuere Pianoforte, namentlich kreuzsaitige, haben übrigens nicht bloß eine eiserne Anhängeplatte, sondern einen eisernen Rahmen, der Anhängeplatte und Spreizen enthält und sich gegen den Stimmstock stützt.

§ 9. Die Pedale. Von den vielen in früheren Zeiten üblichen Zügen oder Pedalen sind jetzt nur noch zwei in Gebrauch: der Fortezug, welcher die ganze Dämpfung aufhebt, damit auch beim Loslassen der Taste die Saiten noch fortvibriren können, und die Verschiebung, welche die ganze Klaviatur sammt der Mechanik so zur Seite schiebt, daß die Hämmer, statt alle drei Saiten eines Chores (eines Tones) nur zwei oder auch nur eine einzige anschlagen, wodurch der Ton schwächer wird, ohne jedoch seinen Charakter zu verändern. Der sonst übliche Pianozug, bei welchem sich weiche Lederstückchen zwischen Saite und Hammer schoben, kommt an neueren Instrumenten nicht mehr vor. In neuester Zeit hat ein eigentümlicher „Harfenzug" viel Beifall gefunden.

Die Züge wurden bei den ältern Instrumenten oft mit den Knieen, bei den neuern dagegen werden sie mit

den Füßen dirigiert. Das Loslassen der Pedale hebt auch
die durch sie bewirkte Veränderung wieder auf.

Eine bemerkenswerte Einrichtung ist das **Kunstpedal**
von Ed. Zachariae in Frankfurt a. M., welches es möglich macht, einen Teil der Saiten zu dämpfen, einen andern aber ungedämpft zu lassen. (Siehe: Blüthner und
Gretschel, Lehrbuch des Pianofortebaues ꝛc. Seite 167
bis 168.)

Von der Stimmung.

§ 10. Sowohl die stets wechselnde Temperatur der
Luft, als auch der Gebrauch üben einen großen Einfluß auf
die Stimmung eines Instrumentes aus, denn während jene
die Saiten, je nach ihrer Länge, sowie nach Beschaffenheit
des Materials, bald mehr, bald weniger ungleich ausdehnt
oder zusammenzieht und dadurch das ursprüngliche Verhältnis der Töne zu einander verändert, so verursacht der
Gebrauch, besonders in den üblichsten Lagen und Tonarten,
durch den fort und fort wiederholten Druck gegen die Saiten, ebenfalls Abweichungen, namentlich bei neuen Instrumenten, deren Schlingen und Gewinde sich noch nicht völlig
zusammengezogen haben. Hieraus entsteht von Zeit zu Zeit
die Notwendigkeit einer Erneuerung des richtigen Verhältnisses zwischen den Tönen mittels Anspannens oder Nachlassens der Saiten; eine Aufgabe, deren richtige Lösung
ebensowohl große Aufmerksamkeit und Uebung, als auch
mancherlei theoretische und praktische Kenntnisse erfordert.

Demgemäß zerfällt die Anleitung zur Kunst des Klavierstimmens in zwei Hauptteile, deren erster die akusti-
schen Gesetze der Tonverhältnisse, sowie die Lehre von der

musikalischen Temperatur enthält, während der zweite alle jene mannigfachen Regeln, Vorschriften und Handgriffe umfaßt, mit denen der geschickte Stimmer vertraut sein muß.

Die Lehre von der Stimmung.

Theorie des Tones.

§ 11. Jeder elastische Körper, der durch irgend eine äußere Einwirkung in eine vibrirende oder schwingende Bewegung versetzt wird, veranlaßt hierdurch in der ihn umgebenden Luft eine entsprechende Wellenbewegung, die in abwechselnden Verdichtungen und Verdünnungen besteht. Erreichen diese Schwingungen eine gewisse Geschwindigkeit und sind sie hinlänglich kräftig, um durch die Luft bis zu unserem Ohre fortgepflanzt zu werden, so nehmen wir sie durch unser Gehör wahr, und wir nennen den so empfangenen Eindruck im allgemeinen einen Schall.

Der Schall wird zum unterscheidbaren, bestimmten Ton, wenn die Schwingungen des elastischen Körpers und infolgedessen auch die Luftwellen periodisch sind, d. h. wenn sie in gleichen Zwischenzeiten sich regelmäßig wiederholen; dagegen erzeugen nichtperiodische, unregelmäßige Schwingungen (Oscillationen) bloß ein Geräusch.

Rücksichtlich der Länge der Luftwellen und ihrer Anzahl in der Sekunde gilt das Gesetz, daß man durch Multiplikation der Wellenlänge und der Schwingungszahl immer ein und dasselbe Resultat, nämlich die Fortpflanzungsgeschwindigkeit des Schalles in der Luft (333 m bei mittlerer Temperatur) erhält.

§ 12. Wir beobachteten eine große Verschiedenheit der Töne unter sich; sie sind **hoch** oder **tief**, **stark** oder **schwach**, und von höchst mannigfachem **Klang** oder **Charakter**.

Die **Höhe** der Töne beruht auf der **Geschwindigkeit** der Schwingungen. Ein Ton ist um so höher, je mehr Schwingungen der ihn erzeugende Körper innerhalb einer bestimmten Zeit macht und je kürzer demzufolge die Luftwellen sind, welche ihn fortpflanzen.

Die **Stärke** oder **Kraft** eines Tones ist bedingt von der **Größe** oder **Weite** der Schwingungen, aber unabhängig von ihrer Schnelligkeit. Je ausgedehnter die Schwingungen des tönenden Körpers sind, um so bedeutender und heftiger ist der Grad der Verdichtung und der darauf folgenden Verdünnung der Luftwelle, welche den Ton fortpflanzen, und um so stärker muß daher auch der auf unser Gehör gemachte Eindruck sein.

Die große Mannigfaltigkeit des **Klanges** oder der **Klangfarbe**, wie wir sie, unabhängig von ihrer Höhe oder Stärke, bei den verschiedenen Instrumenten beobachten und durch welche sich beispielsweise die Töne der menschlichen Stimme von denen einer Geige oder Flöte unterscheiden, hat man früher durch die speciellere Form der Schwingungen zu erklären versucht. Erst die Untersuchungen von **Helmholtz** haben aber den wahren Grund kennen gelehrt, der darin besteht, daß bei den meisten musikalischen Klängen außer dem Grundtone noch eine größere oder geringere Anzahl höherer Töne von doppelter, drei-, vier- und mehrfacher Schwingungszahl mitklingt. Von der Anzahl, Art und verhältnismäßigen Stärke dieser Obertöne ist die Klangfarbe abhängig.

§ 13. Die **Höhe** oder **Tiefe** des Tones, den ein in Schwingungen versetzter Körper giebt, hängt von der Form und von den Dimensionen desselben, sowie von der Beschaffenheit des Stoffes ab, aus welchem er besteht. Die verschiedenen Grade der **Stärke** oder **Intensität** des Klanges werden durch die **Größe** der Kraft bedingt, welche die Schwingungen erregt. Die **Klangfarbe** ist mehr oder minder von denselben Umständen abhängig, sie ändert sich aber auch mit der Art, wie man die Schwingungen erregt; eine Saite hat z. B. einen andern Klang, wenn man sie in der Mitte anschlägt, als wenn dies gegen das Ende hin erfolgt. Daher erklärt sich die Wichtigkeit der richtigen Wahl der Anschlagstellen bei den Saiten eines Pianos.

Die Fortpflanzungsgeschwindigkeit der verschiedenen Töne in freier Luft ist eine und dieselbe, mögen die Töne hoch oder niedrig, schwach oder stark und mag ihre Klangfarbe, welche sie immer will, sein. Daher nimmt man auch beim Anhören eines Musikstückes aus größerer Entfernung alle Töne in derselben Ordnung wahr, wie in der Nähe.

§ 14. Unser Gehör vermag nur solche Töne genau zu erfassen und voneinander zu unterscheiden, deren Schwingungsschnelligkeit sich innerhalb gewisser Grenzen hält.

Der tiefste in der Musik zur Anwendung kommende Ton, das Subkontra=C, C oder C_2 einer sechzehnfüßigen gedachten Orgelpfeife, macht $16\frac{1}{2}$ Schwingungen in der Sekunde und erzeugt Schallwellen von 20 m Länge, während nach Helmholz die obere Grenze der Hörbarkeit eines Tones bei 38 000 Schwingungen in der Sekunde liegt. Doch ist letzteres bei verschiedenen Personen verschieden, und es giebt z. B. viele sonst mit einem guten Gehör begabte Personen, die das Zirpen vieler Insekten nicht mehr hören, weil die Tonhöhe desselben zu bedeutend ist, während andere dasselbe deutlich wahrnehmen.

Der tiefste in der Musik Verwendung findende Ton ist, wie schon erwähnt, das C_2, welches sich in großen Orgeln findet, der höchste Ton des Orchesters ist das fünf=malgestrichene d, d^5 der Piccoloflöte mit 4752 Schwingungen. Große Konzertflügel reichen von G_2 mit $24\frac{3}{4}$ Schwingungen bis c^5 mit 4224 Schwingungen, umfassen also $7\frac{1}{2}$ Oktaven. In den höchsten Tonlagen, ebenso wie in den tiefsten, ist es übrigens sehr schwierig, kleine Verschiedenheiten der Tonhöhe zu unterscheiden.

Außer der Umfangsgrenze ist jedoch unserem Gehörs-
vermögen noch eine andere gesetzt, der zufolge es unempfind-
lich ist für ausnehmend kleine Verschiedenheiten und Un-
reinheiten in den Schwingungsverhältnissen der Töne, und
nur solche mit Sicherheit unterscheidet, zwischen denen ein
gewisser größerer Abstand stattfindet. Auf dieser glücklichen
Unempfindlichkeit unseres Gehörsinnes beruht allein die Möglichkeit unserer ganzen Musik, die, wie wir sehen werden,
zum großen Teil aus unreinen Tonverhältnissen besteht
und daher einem vollkommen richtig erfassenden Ohr ge-
radezu unerträglich sein müßte.

§ 15. Die mannigfachsten Körper eignen sich zur
Hervorbringung von Tönen, sobald sie nur vermöge ihrer
Elasticität fähig sind, mit der nötigen Kraft und Schnelligkeit zu schwingen. Bei Saiten, Glocken und Stimmgabeln
sind es diese Körper selbst, welche tönen, und die Luft ist
bloß der fortpflanzende Vermittler des Tones. Bei Blas-
instrumenten und der menschlichen Stimme dagegen sind es
schwingende Luftsäulen, die selbst tönen.

Für den vorliegenden Zweck ist es von besonderer Wich-
tigkeit, uns mit den hauptsächlichsten Gesetzen der
Schwingungen gespannter Saiten bekannt zu machen.
Diese lauten:

a) Die Schwingungszahlen zweier übrigens
gleichen Saiten verhalten sich umgekehrt wie die
Längen derselben, d. h., wenn eine gespannte Saite in
einer gegebenen Zeit eine bestimmte Anzahl von Schwingungen macht, so wird sie in derselben Zeit zweimal, drei-
mal, viermal u. s. w. soviel Schwingungen machen, wenn
man bei unveränderter Spannung nur $\frac{1}{2}$, $\frac{1}{3}$, $\frac{1}{4}$ u. s. w.
der ganzen Länge schwingen läßt; sie würde $\frac{3}{2}$, $\frac{4}{3}$, $\frac{5}{4}$
mal soviel Schwingungen machen, wenn man nur $\frac{2}{3}$, $\frac{3}{4}$,
$\frac{4}{5}$ der ganzen Länge schwingen ließe.

b) Die Zahl der Schwingungen einer Saite
ist der Quadratwurzel aus den spannenden Ge-
wichten proportional, d. h., wenn das Gewicht (oder
die Kraft), welches die Saite spannt, 4-, 9-, 16mal so

groß gemacht wird, während die Länge unverändert bleibt, so wird die Geschwindigkeit der Schwingungen 2-, 3-, 4mal so groß.

c) Die Schwingungszahlen verschiedener Saiten derselben Materie verhalten sich umgekehrt wie ihre Dicke. Wenn man z. B. zwei Stahlsaiten von gleicher Länge nimmt, deren Durchmesser sich wie 1 zu 2 verhalten, so wird die dünnere bei gleicher Spannung in derselben Zeit doppelt soviel Schwingungen machen als die dickere.

Aus diesen Gesetzen geht hervor, daß bei gleicher Spannung und Dicke die Länge, bei gleicher Länge und Dicke die Spannung, und bei gleicher Spannung und Länge die Dicke das Verhältnis der Töne verschiedener Saiten zu einander bestimmt. Begreiflicherweise können zwei Saiten zugleich in zwei oder allen drei Punkten voneinander abweichen, und dann wird der Unterschied dieser Schwingungszahlen oder Töne der Summe dieser Verschiedenheiten entsprechen. So sind z. B. die tiefsten Saiten eines Klaviers zur Verstärkung ihres Umfangs und Gewichts noch mit Draht umsponnen, und die folgenden nehmen zugleich an Länge und Dicke ab, während ihre Spannung zunimmt.

§ 16. Die schallenden Bewegungen eines Körpers sind entweder einfache Schwingungen des ganzen Körpers, oder Partialschwingungen einzelner Teile desselben, durch Ruhepunkte oder Schwingungsknoten voneinander getrennt; jene sind wesentlich und geben den Grund- oder Hauptton, diese geben die Obertöne mit doppelter, drei-, vier- und mehrfacher Schwingungszahl und bestimmen die Klangfarbe. Ein geübtes Ohr unterscheidet bei einer stark angeschlagenen, etwas langen und dicken (tiefen) Saite, außer dem eigentlichen Ton (Grund- oder Hauptton) derselben, nicht allein dessen Oberoktave, sondern auch noch mehrere andere Töne deutlich, als: eine sanft mitklingende doppelte Quinte, eine dreifache Terz, nicht selten auch eine noch höhere kleine Septime u. s. w. Die

Oktaven rühren davon her, daß die Hälfte, das Viertel u. s. w. der Saite für sich schwingt; durch das selbständige Schwingen des dritten Teiles entsteht die doppelte Quinte, durch die Schwingungen der einzelnen Fünftel die dreifache Terz, durch Schwingungen der Siebentel der ganzen Saitenlänge wird die erwähnte kleine Septime hervorgebracht. Welche von diesen Obertönen entstehen, das hängt namentlich auch von der Stelle des Anschlages der Saite ab. An der Anschlagsstelle kann die Saite nicht zur Ruhe kommen, es kann sich dort kein sogenannter Knoten, d. h. kein Trennungspunkt selbständig schwingender Teile der Saite bilden. Helmholtz hat darauf aufmerksam gemacht, daß die Praxis der Pianoforte, die Anschlagsstelle in etwa $\frac{1}{7}$ bis $\frac{1}{10}$ der Saitenlänge zu legen, den Erfolg hat, daß die höheren Obertöne, namentlich die obenerwähnte kleine Septime, nicht so leicht zur Entstehung kommen können.

§ 17. Der angenehme oder unangenehme Eindruck, den das Zusammenklingen verschiedener Töne auf unser Gehör ausübt, beruht auf den Verhältnissen ihrer Schwingungszahlen zu einander. Je einfacher dieses Verhältnis ist, je öfter eine Schwingung des einen Tones mit einer des anderen zusammenfällt, desto ähnlicher oder verwandter sind beide Töne, und desto angenehmer wirkt ihr gleichzeitiges Erklingen. Wir nennen sie deshalb Wohlklänge oder Konsonanzen; Mißklänge oder Dissonanzen dagegen heißen alle jene Intervalle, die in weniger einfachen Schwingungsverhältnissen zu einander stehen und deren gleichzeitiges Ertönen daher einen mehr oder weniger unangenehmen Eindruck macht.

Der Grad der Verwandtschaft oder des Zusammenstimmens der Töne richtet sich also nach der größern oder mindern Einfachheit ihrer Schwingungsverhältnisse, und jedem gegebenen Tone sind alle übrigen in dem Maße verwandter oder fremder, als sich ihre Schwingungsverhältnisse dem seinen nähern oder von ihm abweichen. Welche wesentliche Rolle bei den Konsonanzen und Dissonanzen die Obertöne spielen, das hat zuerst Helmholtz nachgewiesen und kann in dessen Schrift (die Lehre von den

Tonempfindungen, Braunschweig, Vieweg) nachgelesen werden *).

§ 18. Die Wellenlängen der Konsonanzen, der Oktave, Quinte, Quarte, großen Terz, kleinen Terz, großen Sexte und kleinen Sexte, stehen zur Wellenlänge des Grundtones im Verhältnisse von $1/2$, $2/3$, $3/4$, $4/5$, $5/6$, $3/5$ und $5/8$.

Da die Schwingungszahlen sich umgekehrt verhalten wie die Länge der Schallwellen (§ 11), so macht der Ton, dessen Schallwelle halb so lang ist, wie die eines andern, zwei Schwingungen, während dieser eine macht. Es ist dies von allen Tonverhältnissen das einfachste, denn mit jeder Schwingung des Grundtons fällt auch eine Schwingung des höhern Tones zusammen, infolgedessen er ihm am ähnlichsten, am nächsten verwandt ist und als derselbe Ton, nur im verjüngten Maßstabe, erscheint. Wir nennen zwei Töne, die in solchem Verhältnisse zu einander stehen, d. h., von denen der eine in derselben Zeit die doppelte Zahl der Schwingungen des andern macht, Oktaven.

Der Ton, dessen Wellenlänge $2/3$ von der des Grundtons beträgt, macht auf je 2 Schwingungen desselben 3 und bildet seine Quinte, nach der Oktave das nächstverwandte Intervall.

Der Ton, dessen Wellenlänge $3/4$ von der des Grundtons beträgt, macht auf je 3 Schwingungen desselben 4 und heißt die Quarte.

Der Ton, dessen Wellenlänge $4/5$ von der des Grundtons beträgt, macht auf je 4 Schwingungen desselben 5 und bildet seine große Terz.

Der Ton, dessen Wellenlänge $5/6$ von der des Grundtons beträgt, macht auf je 5 Schwingungen desselben 6 und heißt die kleine Terz.

Der Ton, dessen Wellenlänge $3/5$ von der des Grundtons beträgt, macht auf je 3 Schwingungen desselben 5 und ist die große Sexte.

*) Siehe auch: Blüthner und Gretschel, Lehrbuch des Pianofortebaues, Seite 42 bis 49.

Der Ton endlich, deſſen Wellenlänge $\frac{5}{8}$ von der des Grundtons beträgt, macht auf je 5 Schwingungen desſelben 8 und bildet ſeine **k l e i n e** Sexte.

Es ergiebt ſich hieraus, daß nur ſolche andere Töne mit irgend einem beſtimmten Tone konſoniren, deren Schwingungsverhältniſſe es mit ſich bringen, daß entweder mit einer jeden, oder doch mit jeder zweiten, dritten, vierten bis höchſtens fünften Schwingung des Grundtons auch eine ihrer Schwingungen zuſammenfällt, ſowie, daß ihre Verwandtſchaft in demſelben Grade näher oder entfernter wird.

§ 19. Minder einfach dagegen ſind die Verhältniſſe der **D i ſ ſ o n a n z e n** zum Grundton. Die Wellenlänge der **S e k u n d e** beträgt $\frac{8}{9}$ von der des Grundtons, und ſie macht daher auf je 8 Schwingungen desſelben 9. Die Wellenlänge der **g r o ß e n S e p t i m e** beträgt $\frac{8}{15}$, und ſie macht auf je 8 Schwingungen des Grundtons 15. Mitten inne zwiſchen den Konſonanzen und Diſſonanzen, gleichſam den Uebergang bildend, ſteht die **k l e i n e** Septime, deren Wellenlänge $\frac{5}{9}$ von der des Grundtons beträgt und die ſomit auf je 5 Schwingungen desſelben 9 macht.

In noch weit entfernteren Verhältniſſen ſtehen die übrigen Diſſonanzen.

§ 20. Die Aufeinanderfolge des Grundtones, der Sekunde, großen Terz, Quarte, Quinte, Sexte, großen Septime und Oktave nennt man die **d i a t o n i ſ c h e T o n l e i t e r.**

In nachſtehender Tabelle geben wir eine Ueberſicht der relativen Wellenlängen oder, was dem erſten der im § 15 erwähnten Geſetze zufolge auf dasſelbe hinauskommt, der Saitenlängen der verſchiedenen Töne der diatoniſchen Tonleiter. Den Grundton nehmen wir als C, ſeine Saitenlänge als Einheit an, ſeine Schwingungszahl iſt = 24 geſetzt worden, um Brüche zu vermeiden.

Intervalle.	Wellen- oder Saitenlänge.	Zahl der gleichzeitigen Schwingungen.
Grundton C	1	24
Sekunde D	$^8/_9$	27
Terz E.	$^4/_5$	30
Quarte F	$^3/_4$	32
Quinte G	$^2/_3$	36
Sexta A	$^3/_5$	40
Septime H	$^8/_{15}$	45
Oktave c	$^1/_2$	48

Alle weitern diatonischen Intervalle in höhern Oktaven sind nur einfache Verdoppelungen dieser Verhältnisse, die für alle Oktaven und alle Tonleitern gelten, von welchen Instrumenten sie auch hervorgebracht werden, mit Ausnahme derjenigen Instrumente, denen es, wie z. B. dem Klaviere, gemäß ihrer Eigentümlichkeit verwehrt ist, die Tonverhältnisse in ihrer Reinheit beizubehalten.

Das Intervall von C zu D, von D zu E, von F zu G, von G zu A und von A zu H heißt ein ganzer Ton. Man sieht jedoch aus vorstehender Tabelle, daß es zweierlei ganze Töne giebt, nämlich große ganze Töne, wie C — D, F — G und A — H, bei denen die Schwingungszahlen in dem Verhältnisse 8 : 9 stehen, und kleine ganze Töne, wie D — E und G — A mit dem Schwingungsverhältnisse 9 : 10.

Macht also der Grundton 72 Schwingungen, so macht der um einen kleinen ganzen Ton höhere Ton 80 und der um einen großen ganzen Ton höhere Ton 81 Schwingungen; der Unterschied zwischen dem kleinen und dem großen ganzen Tone ist also durch das Schwingungsverhältnis 80 : 81 charakterisirt und heißt ein Komma.

Die Intervalle zwischen E und F und zwischen H und c werden halbe Töne genannt; ihr Schwingungsverhältnis ist 15 : 16.

Die Intervalle D — F, E — G und A — c heißen kleine Terzen; sie sind aber nicht gleichwertig, denn für D — F ist das Schwingungsverhältnis 27 : 32 (oder 135 : 160), für E — G und A — c dagegen 5 : 6 (oder 135 : 162). Der Unterschied zwischen diesen beiden Intervallen, die man als „kleine Terz" bezeichnet, wird also durch das Schwingungsverhältnis 160 : 162 oder 80 : 81 charakterisirt und ist also wieder ein Komma.

Der Unterschied zwischen der kleinen Terz 5 : 6 (oder 20 : 24) und der großen Terz 4 : 5 (oder 20 : 25) heißt auch ein halber Ton. Derselbe ist, wie man sieht, verschieden von dem oben erwähnten halben Tone E — F, dessen Schwingungsverhältnis 15 : 16 (oder 120 : 128) ist, während der eben jetzt betrachtete das etwas kleinere 24 : 25 (120 : 125) hat und deshalb auch als kleiner halber Ton bezeichnet wird. Da man durch Multiplikation der beiden Verhältnisse 15 : 16 und 24 : 25 das Verhältnis 360 : 400 oder 9 : 10, d. h. das Schwingungsverhältnis des kleinen ganzen Tones erhält, so besteht letzterer aus einem großen und einem kleinen halben Tone.

Die Quarten A — F, D — G, E — A, G — c haben alle dasselbe Schwingungsverhältnis 3 : 4.

Von den Quinten C — G, D — A, E — H, F — c hat die eine, D — A, das Schwingungsverhältnis 27 : 40 (54 : 80), die andern aber haben 2 : 3 (54 : 81); die erstere ist daher um ein Komma kleiner.

Man sieht hieraus, daß in der diatonischen Tonleiter nicht alle Intervalle, welche denselben Namen führen, auch wirklich gleich groß sind.

§ 21. Versucht man nun, die diatonische Tonleiter, welche wir mit dem Grundton C betrachtet haben, von einem andern Grundtone aus zu spielen, so würde dies auf einer Geige oder irgend einem anderen Instrumente, bei welchem der Spieler während des Spieles die Saitenlänge oder die Länge der Luftsäule u. s. w. beliebig reguliert, keine besondere Schwierigkeit haben. Anders gestaltet sich aber die Sache bei einem Pianoforte, einer Orgel oder sonst einem Instrumente mit feststehender Stimmung. Wollte man z. B. die D-Dur-Skala (D = 27 nach obiger Tabelle) spielen, so müßte der zweite Ton derselben die Schwingungszahl $27 \cdot {}^9\!/_8$ oder $30^3\!/_8$ haben, er müßte also etwas höher liegen, als das E der C-Dur-Skala. Der dritte Ton wird die Schwingungszahl $27 \cdot {}^5\!/_4$ oder $33^3\!/_4$ haben und mit Fis zu bezeichnen sein; der folgende hätte $27 \cdot {}^4\!/_3$ oder 36, fiele also mit G zusammen, der folgende aber hätte $27 \cdot {}^3\!/_2 = 40^1\!/_2$ und läge etwas höher als A u. s. w.

§ 22. Verfolgt man diese Sache weiter, so findet sich, daß wir nicht bloß zwischen C und D, D und E, F und G, G und A, A und H je einen halben Ton einzuschalten haben, wie dies bei unseren Tasteninstrumenten der Fall ist, sondern die Zahl der einzuschaltenden Töne ist eine viel bedeutendere, wie wir ja schon im vorigen § sahen, daß für die D-Dur-Skala ein paar Töne einzuschalten sind, die um ein Komma höher als E und A sind. Selbst wenn man so kleine Intervalle, wie ein Komma vernachlässigt, stellt sich immer noch die Notwendigkeit heraus, für die verschiedenen Tonleitern 20 verschiedene Töne innerhalb einer Oktave anzugeben, nämlich

C		♭ G	oder	Ges
♯ C	oder Cis	G		
♭ D	„ Des	♯ G	„	Gis
D		♭ A	„	As
♯ D	„ Dis	A		
♭ E	„ Es	♯ A	„	Ais
E		♭ H	„	B
♯ Eis		H		
♭ F	„ Fes	♯ H	„	His
F		♭ c	„	ces
♯ F	„ Fis	c		

§ 23. Statt dieser für den Spieler jedenfalls unbequemen Menge sogenannter enharmonischer Töne, haben jetzt alle Instrumente, deren Töne feststehen, wie das Klavier, die Orgel, die Harfe, eine chromatische Tonleiter von nur zwölf verschiedenen Tönen oder Halbtönen innerhalb der Oktave, und es muß daher bei ihnen jeder einzelne Ton vorkommenden Falls die Stelle von mehreren verschiedenen Tönen vertreten, woraus einerseits die wesentliche Unreinheit dieser Instrumente, sowie anderseits die große Schwierigkeit ihrer richtigen Stimmung sich erklärt.

§ 24. Wenn es nicht möglich ist, eine so geringe Anzahl von Tönen so zu stimmen, daß alle Tonleitern und alle Intervalle rein und richtig sind, so wird es sich darum handeln, nähere Regeln für die Verteilung der Fehler oder für die Abweichungen von der reinen Stimmung aufzustellen. Man bezeichnet aber diese Abweichungen von der reinen Stimmung mit dem Namen Temperatur, und eine mit solchen Abweichungen behaftete Stimmung, wie wir sie bei allen Instrumenten mit. feststehen-

der Stimmung antreffen, heißt eine temperierte Stimmung.

Von der Temperatur.

§ 25. Der Maßstab, nach welchem die Verteilung oder Temperatur vorzunehmen sei, bot früher den
Mathematikern und Harmonisten einen vielbenutzten Gegenstand des Streites. Das Nächstliegende, die ganz gleiche
Einteilung der zwölf halben Töne, war eben seiner
Einfachheit wegen, die jedem Streite wehrte, den meisten
sehr mißfällig, und sie fanden der Gründe viele, aus denen
eine ungleiche Temperatur vorzuziehen sein sollte. Einmal dieser Punkt gewonnen, erfreute man sich eines ganz
unbegrenzten Feldes zum Herumtummeln seines Stecken-
pferdes; denn während es nur eine einzige gleiche Temperatur giebt, an der auch beim besten Willen nichts weiter
zu ändern, tritt mit der Ungleichheit sofort eine ganz
unerschöpfliche Möglichkeit verschiedener Temperaturen
ein, und die Theoretiker des vorigen, sowie auch noch dieses Jahrhunderts, gefielen sich denn auch ausnehmend in
der Aufstellung zahlloser verschiedener Methoden, in wunder-
bar verwickelten Berechnungen und Kombinationen, die auf
dem Papier durch ihre erstaunliche Raffiniertheit wohl impo-
nieren mochten, sich aber in der Praxis meistens gänzlich
unbrauchbar erwiesen, da man beim Stimmen zuletzt doch
immer nur auf den schlichten Gehörsinn angewiesen ist, der
sich nun einmal schlechterdings nicht zu derlei Finessen und
Kunststückchen verstehen will, wie man ihm anzumuthen liebte.

§ 26. Um jedoch die eigentliche Bedeutung der Streit-
frage richtig würdigen zu können, ist es nötig, sich zuvor
mit den Intervallenverhältnissen und der Aufgabe des Stimmers noch etwas vertrauter zu machen, und hierzu genügt
eine nähere Betrachtung der großen und kleinen Terzen, sowie der Quinten, da sich die übrigen Intervalle
aus diesen ergeben.

Die große Terz steht nach § 20 im Verhältnis von
$^5/_4$ zum Grundton; C als Grundton macht 24 Schwin-

2*

gungen, während E als große Terz 30 macht. Wird nun E als Grundton genommen, so muß nach demselben Verhältniß seine große Terz Gis in derselben Zeit 37½ und die große Terz von Gis 46⅞ Schwingungen machen. Nun aber hat das Instrument für diese Terz von Gis und die Oktave von C nur den einen Ton c, welcher in jener ersteren Eigenschaft 46⅞ Schwingungen, in der letzteren aber 48 in derselben Zeit machen soll. Da die Oktave als verdoppelter Einklang unter keiner Bedingung in ihren reinen Verhältnissen gestört werden kann, so müssen also jene drei großen Terzen dermaßen verstärkt oder erhöht werden, daß die dritte zum reinen c führt.

Umgekehrt verhält es sich mit den kleinen Terzen. Die kleine Terz verhält sich zum Grundton wie 6 zu 5. Es macht daher 28⁴⁄₅ Schwingungen, während C 24 macht; Ges, als kleine Terz von Es, macht gleichzeitig 34¹⁴⁄₂₅; A macht 41¹²⁄₂₅, und c sollte deren 49⁴⁄₅ machen, statt 48. Es ergiebt sich demnach, daß die kleinen Terzen etwas verringert oder abgeschwächt werden müssen, damit die vierte zur reinen Oktave von C führt.

§ 27. Geht man von dem Grundtone C, welcher eine Schwingung machen soll, in Quinten aufwärts, was man den Quintenzirkel nennt, so kommt man zu den Tönen

C, d, a, e¹, h¹, fis², cis³, gis³, dis⁴, ais⁴, f⁵, c⁶,

deren Schwingungszahlen der Reihe nach

$$\tfrac{3}{2}, \tfrac{9}{4}, \tfrac{27}{8}, \tfrac{81}{16}, \tfrac{243}{32}, \tfrac{729}{64}, \tfrac{2187}{128}, \tfrac{6561}{256},$$
$$\tfrac{19683}{512}, \tfrac{59049}{1024}, \tfrac{177147}{2048}, \tfrac{531441}{4096}$$

sind. Der so erhaltene Ton c⁶ stimmt aber nicht genau mit demjenigen überein, den man erhält, wenn man in Oktaven fortschreitet; denn in diesem Falle erhält man die Schwingungszahlen c = 2, c¹ = 4, c² = 8, c³ = 16, c⁴ = 32, c⁵ = 64 und c⁶ = 128 = $\tfrac{524288}{4096}$. Das auf die erste Weise erhaltene c⁶ ist also ein wenig höher, nämlich in dem Verhältniß 524288 : 531441 oder 80 : 81,09, was wenig über ein Komma ausmacht. Es gilt nun, dieſes Komma ſo auszugleichen, daß die Oktaven vollſtändig rein werden.

§ 28. Die meiſten Syſteme der ungleichen Temperatur kommen bei allen ſonſtigen Abweichungen darin überein, die Mehrzahl der Quinten ganz rein zu ſtimmen und das geſamte Mißverhältnis auf eine oder einige Quinten von minder gebräuchlichen Tonarten zu werfen, die ſomit gleichſam als unrettbar aufgegeben und mit dem Namen Wolf oder Wolfsquinten gebrandmarkt wurden. Die erſte Folge einer ſolchen Verteilung iſt jedoch, daß dieſe armen Sündenböcke bei jeder Erſcheinung das Ohr nur um ſo empfindlicher verletzen, je greller ſie gegen die Makelloſigkeit der andern Quinten abſtechen. Selbſtverſtanden leiden zudem nicht bloß dieſe preisgegebenen Quinten, ſondern notwendig auch alle andern Intervalle, die durch die betreffenden Töne mit gebildet werden. Werden z. B. die Quinten C — G, G — D, D — A, A — E u. ſ. w. ganz rein geſtimmt, dagegen F — c um das fragliche Komma vermindert, ſo wird ſich naturgemäß das gleiche Mißverhältnis, wie zwiſchen den Quinten, auch zwiſchen den Terzen E — G und A — C, zwiſchen den Quarten E — A und G — C, zwiſchen den Sexten C — A und E — C herausſtellen, kurz, die Unreinheit, welche man in jenen irrtümlich für entlegen gehaltenen Wolfsquinten aus dem Wege geſchafft zu haben wähnte, drängt ſich von allen Seiten in nackteſter Geſtalt wieder herein, und um den Gewinn dieſer ungleichen Temperatur möglichſt ungeſtört genießen zu können, müßte unſere Muſik ſich auf bloße Quintenluftwandlungen innerhalb des reinen Kreiſes beſchränken. Allein auch hier verleugnete ſich die Erfahrung nicht, daß dem unbefangenen Urteile ſogar die offenbaren Mängel ſich zu Vorzügen geſtalten, und man pries es daher auch als einen namhaften Gewinn der ungleichen Temperatur, daß ſie jeder Tonart einen beſondern Charakter aufdrücke, während doch die reine Tonleiter — die überall unſer Maßſtab ſein muß — von ſolchen Verſchiedenheiten nichts weiß, und alle Inſtrumente, welche die Töne frei geſtalten, in allen Tonarten genau daßſelbe Intervallenverhältnis wiedergeben.

§ 29. Die Intervalle der Instrumente mit festge-
stimmten Tönen bilden, was man auch immer thun mag,
jederzeit ein konventionelles, künstliches Verhältnis, das um
so besser ist, je mehr es sich dem reinen Intervallenver-
hältnisse nähert und je sorgfältiger alle grellen Ungleich-
heiten vermieden sind. Aus diesen Gründen hat man
sich jetzt allgemein für die gleichschwebende Temperatur entschieden, welche zuerst gegen Ende des 17. Jahrhunderts aufgestellt worden ist und im vorigen Jahrhundert
namentlich an dem Deutschen Lambert und dem Fran-
zosen D'Alembert warme Verteidiger fand. Die verschiedenen ungleichschwebenden Temperaturen aber, unter
denen die von Kirnberger die meiste Anerkennung gefunden hat, haben heutigen Tages nur noch ein historisches,
kein praktisches Interesse.

§ 30. Bei Anwendung der gleichschwebenden Temperatur zerfällt die Oktave in zwölf genau gleich große Intervalle. Die Zahl, mit welcher man die Schwingungszahl
des Grundtones multiplizieren muß, um die des um einen
Halbton höheren Tones zu erhalten, muß die Eigenschaft
besitzen, daß, wenn man dieselbe zwölf mal neben einander
schreibt und alle diese Zahlen multipliziert, das Resultat 2
entsteht, eben weil man durch zwölfmaliges Aufsteigen um
einen Halbton zur Oktave (Schwingungszahl 2, wenn der
Grundton 1 hat) gelangt. Diese Zahl ist 1,05946, und
für C = 1 hat Cis oder Des die Schwingungszahl 1,05946,
D aber 1,05946 ✕ 1,05946 oder 1,12246. Rechnet man
auf diese Weise weiter, so findet man für die verschiedenen
Töne der Oktave folgende Schwingungszahlen:

C		1	G		1,49828
Cis	= Des	1,05946	Gis	= As	1,58737
D		1,12246	A		1,68176
Dis	= Es	1,18920	Ais	= B	1,78176
E	= Fes	1,25991	H	= ces	1,88770
F		1,33482	c		1,99994
Fis	= Ges	1,41419	d. i. sehr annähernd = 2.		

Das Stimmen.

§ 31. Alles bisher über die mathematischen Verhältnisse der Töne gesagte soll nur im allgemeinen ein klareres Verständnis der Tonverhältnisse vermitteln und den angehenden Stimmer in den Stand setzen, sich einigermaßen Rechenschaft von seiner Aufgabe zu geben; eine unmittelbar praktische Anwendung derselben beim Stimmen ist jedoch nicht wohl zu ermöglichen, weil auch das feinste und geübteste Ohr niemals eine solche Sicherheit erlangt, daß es die Größen der Töne nach vorgeschriebenen Zahlverhältnissen und kleinen Bruchteilen genau zu messen und zu bestimmen vermöchte. Eine bloße Annäherung ist alles, was hier zu erreichen steht.

§ 32. Die zwei Intervalle, deren Verhältnisse das Ohr am leichtesten und sichersten erfaßt, sind die Oktave und die Quinte, und ihrer bedient man sich daher auch hauptsächlich beim Stimmen, während die übrigen wichtigeren Konsonanzen, als die Quarte, die große Terz und große Sexte, nur mittelbar dazu dienen, um durch volle Accorde die Richtigkeit der gestimmten Töne zu prüfen.

§ 33. Wie wir sahen, führt der reine, von C ausgehende Quintenzirkel zuletzt zu einen c, das um ungefähr ein Komma höher ist, als die reine Oktave von C, und die Aufgabe der gleichschwebenden Temperatur ist es nun, dieses Mißverhältnis solcher Art auf die zwölf Quinten zu verteilen, daß jede um ungefähr $\frac{1}{12}$ (genauer um $\frac{1}{11}$) eines Kommas kleiner oder schwächer wird, welcher ausnehmend kleine Unterschied allerdings große Aufmerksamkeit und Uebung erfordert.

Die Partition oder Teilung.

§ 34. Es giebt verschiedene Methoden von Quinten- und Oktavenfortschreitungen, Partition oder Teilung genannt, durch welche man die Temperatur über ungefähr anderthalb Oktaven, in der Mitte der Klaviatur gelegen, zu bewerkstelligen sucht, nach welchen dann die übrigen Töne einfach in reinen Oktaven fertig gestimmt werden. Man wählt diese Lage deshalb zum Ausgangspunkt, weil in ihr das Gehör am sichersten die Verhältnisse der Töne zu beurteilen vermag.

Die zweckmäßigste und gebräuchlichste Partition ist die von Hummel eingeführte. Sie besteht aus einer, nur von Oktaven unterbrochenen Reihe von zwölf absteigenden schwachen und gleichmäßig temperierten Quinten, wovon die letzte sich mit der ersten verbindet und so den harmonischen Zirkel abschließt.

Diese ununterbrochene Folge von absteigenden Quinten ist allen anderen Verfahrungsweisen, die Temperatur zu bewirken, weit vorzuziehen, weil die Proben, welche dazu dienen, den Stimmer bei seiner Aufgabe zu leiten, sich auf ganz natürliche Weise ergeben. Eine jede Quinte, die da-

durch abgeschwächt wird, daß man den tiefern Ton fast
unmerklich erhöht, ohne die gleiche Bewegung des Stimmhammers zu unterbrechen, erlaubt dem Ohr, zuerst den Eindruck der reinen Quinte aufzufassen, die ihm als Maßstab
für die vorzunehmende Veränderung dient. Das Stimmen
nach Oberquinten dagegen ist mit dem Uebelstande ver-
bunden, daß man, um eine Richtschnur zu haben, den höhern
Ton zuerst bis zur reinen Quinte hinaufstimmen und
dann wieder herablassen muß, was einerseits die Haltbarkeit der Stimmung sehr gefährdet und anderseits die
Bestimmung des richtigen Verhältnisses sehr erschwert, denn
das Ohr unterscheidet eine höhere Schwebung (siehe § 35)
weit leichter und schärfer, als eine tiefere. Aus diesem
Grunde auch steigt man in der Partition von den zuletzt
gestimmten tiefer liegenden Tönen zuerst zur Oktave hinauf,
um, ohne die Mittellage zu verlassen, die nächste Quinte
richtig temperieren zu können.

§ 35. Da es sich überhaupt nur darum handelt, ein
Intervall von etwas mehr als einem Komma der Art unter
die zwölf Quinten zu verteilen, daß jede derselben um ein
Elftel-Komma abgeschwächt wird, so hat es gar keine
Schwierigkeit, genau anzugeben, wie viele Schwingungen
eine richtig temperierte Quinte in einer bestimmten Zeit
weniger machen muß, als eine reine Quinte. Während nämlich die temperierte Quinte der Tabelle in § 30
zufolge 1,49828 Schwingungen macht, muß die reine Quinte
1,5 machen; allein eine solche Berechnung kann praktisch zu
gar nichts dienen, weil es ganz unmöglich ist, die wirklichen
Schwingungen der Saite mit dem Auge zu verfolgen und
zu zählen, und man hat daher beim Stimmen keinen andern Führer, als das Gehör. Die zu bewirkende Abweichung von der vollkommenen Reinheit ist jedoch so ausnehmend gering, daß auch ein sehr geübtes Ohr schwerlich
das rechte Maß einhalten würde ohne äußere Hilfe, und
diese findet es in den Schwebungen.

Wenn zwei Saiten in vollkommenem Einklang miteinander stehen, so geben sie beim Anschlagen der Taste einen

klaren, festen, reinen Ton. Waltet zwischen den beiden
Saiten ein größerer Abstand, so unterscheidet man beim Anschlagen deutlich die beiden verschiedenen Töne. Erhöht man
nun durch langsam fortgesetztes Anspannen die tiefere Saite,
so vermindert sich der Abstand zwischen den beiden Tönen
allmählich so, daß man ihn nicht mehr deutlich zu fassen
vermag; allein an die Stelle des bisherigen offenbaren
Mißklanges tritt jetzt ein eigentümliches Beben, ein regelmäßiges Anschwellen und Wiedernachlassen des Tones, welches man eben mit dem Namen Schwebung bezeichnet und
welches andeutet, daß die Differenz zwischen den beiden
Tönen äußerst gering ist und sie sich dem Einklang sehr
nähern, ohne ihn jedoch schon erreicht zu haben. Der Grund
dieser Erscheinung liegt darin, daß bei zwei nahezu gleich
hohen Tönen immer von Zeit zu Zeit eine Schwingung
des einen Tones mit einer des andern zusammentrifft.
Macht z. B. eine Saite 500, die andere aber 501 Schwingungen in der Sekunde, so treffen immer nach Ablauf einer
Sekunde zwei Schwingungen aufeinander. In manchen Fällen, z. B. bei Orgelpfeifen, ist das Anschwellen des Tones,
welches beim Zusammentreffen zweier Schwingungen seine
größte Stärke erreicht, sehr kräftig, und man hat daher statt
von Schwebungen zu sprechen, sich des Ausdruckes „Stöße"
bedient, den man jetzt auch in anderen Fällen anwendet.
Nach dem Vorstehenden ist klar, daß diese Stöße oder Schwebungen um so langsamer aufeinander folgen, je mehr sich
beide Töne dem Einklange nähern. Erhöht man also die
tiefere von zwei nahezu gleichgestimmten Saiten immer mehr,
so werden die Schwebungen immer seltener und unmerklicher, bis sie endlich ganz verschwinden. Treibt man nun
die Saite noch höher, so stellt sich natürlich auch sogleich
wieder eine sanfte Schwebung ein, die mit der zunehmenden Entfernung von der Reinheit immer stärker wird, bis
sie endlich dem offenbaren Mißklange weicht. Im ersten
Falle schwebt die zu stimmende Saite unterwärts, im
letzteren oberwärts.

Man beachte wohl: weil eben die Differenz zwischen
den zwei Saiten in solchem Falle so ausnehmend gering

ift, daß ihr Vorhandenfein uns überhaupt nur durch jene Unruhe, jenes Schweben kund wird, so vermag man auch nicht durch das Gehör zu entscheiden, welche von beiden unterwärts und welche oberwärts schwebt, sondern wir wissen dies nur dann, wenn wir die tiefer stehende Saite aus dem offenbaren Mißklang der andern bis zur Schwebung ge= nähert haben, wo sie dann noch mehr oder weniger unterwärts schwebt, oder wir haben sie über den bereits erreichten vollkommenen Einklang hinaufgetrieben, wo sie dann oberwärts schwebt. Die mechanische Operation allein also belehrt uns hierüber.

Diese zitternde, bebende Unruhe oder Schwebung findet jedoch nicht allein zwischen zwei Saiten statt, deren voll= kommener Einklang um ein Geringes gestört ist, sondern er wird einem geübten Ohr auch zwischen zwei an sich rei= nen Tönen bemerklich, wenn ihr reines Konsonanzver= hältnis eine geringe Abweichung erlitten hat. Am deut= lichsten wahrnehmbar ist dies, nach der Oktave, bei der Quinte. Bilden zwei Saiten oder zwei Töne eine voll= kommen reine Quinte zu einander, so läßt sich bei ihrem gleichzeitigen Erklingen keinerlei Unruhe vernehmen, die Töne sind fest und klar; sobald aber das richtige Verhältnis ge= stört ist und der eine Ton etwas höher oder tiefer wird, tritt auch hier beim gleichzeitigen oder schnell aufeinander folgenden Erklingen beider Töne jene Schwebung ein und verstärkt sich bei zunehmender Differenz, bis endlich der Ab= stand dem Ohr als deutlicher Mißklang erkenntlich wird. Das Gleiche gilt von allen andern Konsonanzen, obwohl die Schwierigkeit der Wahrnehmung ihrer Schwebung in dem Verhältnisse zunimmt, als sie überhaupt dem Grund= tone weniger verwandt sind; sehr erkennbar bei der Oktave und der Quinte, vermindert sich ihre Deutlichkeit bei der Quarte und Terz und verliert sich bei der Sexte.

§ 36. Die zur richtigen gleichmäßigen Temperatur nötige Abschwächung der Quinten beträgt nur eine sehr geringe Schwebung, und es ist die höchste Aufmerksam= keit erforderlich, um die Abweichung von der Reinheit nicht über den gehörigen Punkt zu treiben. Welcher Hilfsmittel der Ungeübtere sich hierbei bedienen kann, wird näher besprochen in § 58 und 59.

§ 37. Um sich von der richtigen Temperatur eines Tones zu überzeugen, bedient man sich der Proben, d. h. man vergleicht ihn nicht nur mit demjenigen Tone, nach dem man ihn zuerst einstimmt, sondern untersucht auch sein Verhalten zu andern Intervallen, deren Verhältnisse durch ihn bestimmt werden. Solche Proben sind alle Konsonanzen, namentlich aber die Quarte, die große Terz und die große Sexte, sowie die aus ihnen zusammengesetzten Accorde.

Indem man die Quinte etwas schwächt, wird die aus ihrer Umkehrung entstehende Quarte um eben soviel verstärkt, und das Verhältnis der Quarte A — D dient somit der Temperatur der Quinte D — A zur Probe.

Wir sahen ferner § 26, daß die großen Terzen sämmtlich etwas verstärkt, die kleinen Terzen dagegen etwas geschwächt werden müssen, was für die aus ihrer Umkehrung entstehenden Sexten das entgegengesetzte Verhältnis ergiebt, denn so lange C — E eine reine große Terz bilden, ist auch die kleine Sexte E — c rein; sobald aber das E um etwas hinaufgetrieben, also die Terz C — E, wie es die richtige Temperatur fordert, etwas verstärkt wird, vermindert sich um soviel die kleine Sexte. Da anderseits die kleinen Terzen etwas abzuschwächen sind, so werden die ihnen entsprechenden großen Sexten ein wenig verstärkt.

Alle diese Veränderungen müssen sich durch eine richtige Temperatur der Quinten von selbst ergeben, und es dienen daher auch die großen und kleinen Terzen, sowie die Sexten als Proben, an deren Verhalten man wahrnehmen kann, ob die Quinten das erforderliche Verhältnis besitzen.

Es bedarf kaum der Erwähnung, daß nur solche Töne als Proben dienen können, die bereits als rein gestimmt zu betrachten sind.

Nachstehendes Beispiel giebt auf der obersten Zeile die Partition, auf den untern die entsprechenden Proben und

Vergleichungen. Es bedeuten dabei die gefüllten (schwarzen) Noten die Töne, welche zunächst gestimmt werden sollen, die offenen dagegen diejenigen, welche bereits gestimmt sind und den folgenden als Richtschnur dienen.

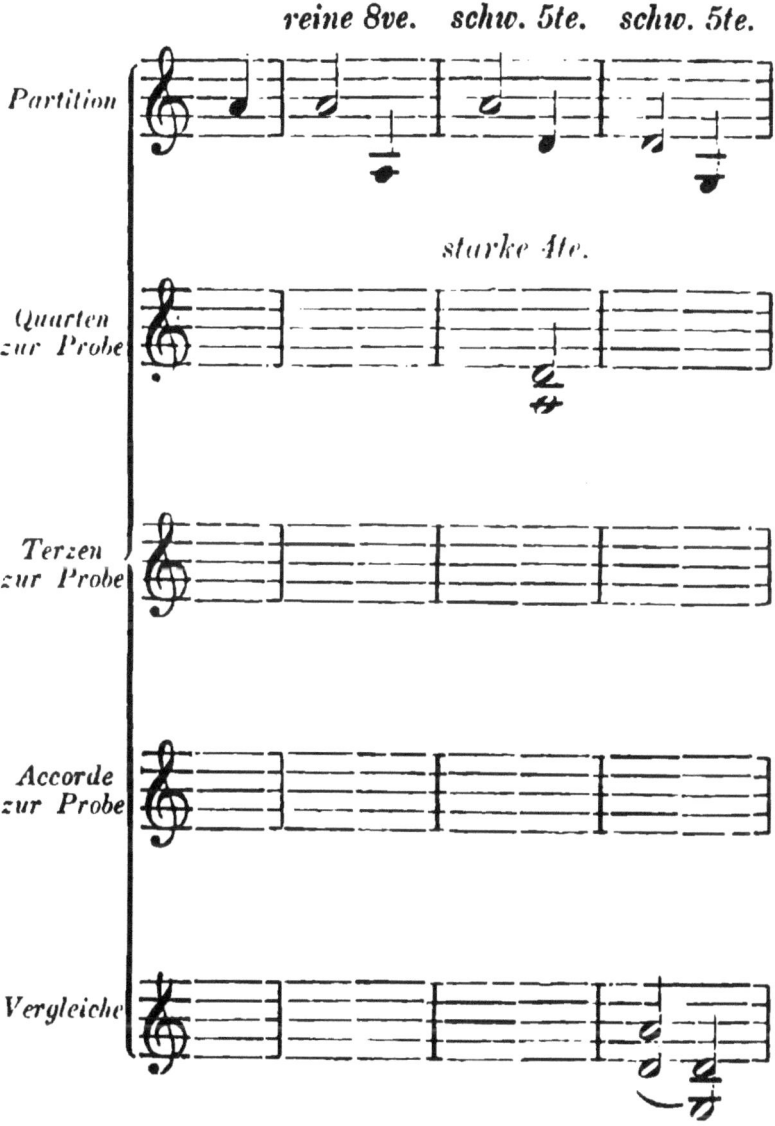

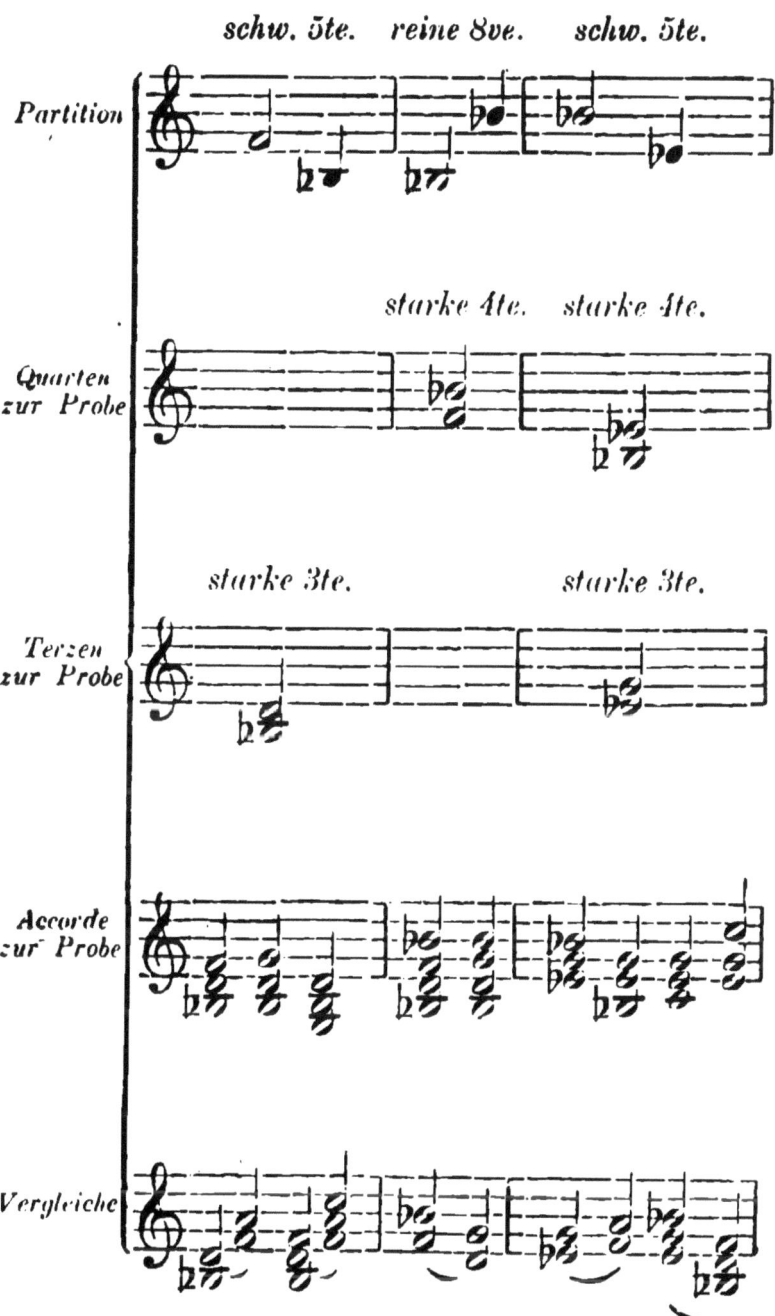

*) Diese Terzen müssen gleich stark sein.

Alle diese Terzen müssen vollkommen gleich sein.

§ 38. Um die Partition nach dieser Methode auszu-
führen, beobachte man folgende Ordnung:

1) Man stimmt zunächst das einmal gestrichene a,
a^1 oder

nach der Stimmgabel vollkommen rein *).

Hierbei, wie für alle andern Töne, nehmen viele Prak-
tiker als Regel an, daß jederzeit die unterste (linke) Saite
zuerst gestimmt wird, während die obern mittels des Keils
gedämpft bleiben. Es wird also bei zweisaitigen Klavieren
der Keil oder Saiten-
dämpfer (**Fig.** 1) zwi-
schen die obere Saite des
zu stimmenden Tones und
die nächsthöhern gesteckt,
bis die erste Saite voll-
kommen befriedigend gestimmt ist, worauf man den Keil
wegnimmt und die zweite Saite mit der untern in Einklang bringt. Bei dreisaitigen Instrumenten steckt man den
Keil zuerst zwischen die beiden obern Saiten, stimmt die
unterste freie, setzt dann den Keil um eine Saite höher,
bringt die mittelste mit der ersten in Einklang und zuletzt
die dritte mit diesen beiden. Man verläßt die erste Saite
nicht eher, als bis man sich durch wiederholt starkes und
schwächeres, abwechselndes und gleichzeitiges Anschlagen mit
dem Tone, der als Maßstab dient, von ihrer Richtigkeit
überzeugt hat, und dieselbe Vorsicht gebraucht man bei den
andern Saiten, sowie endlich beim ganzen Tone.

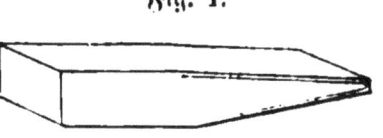

Fig. 1.

---

*) Bei Bezeichnung der Töne durch Buchstaben wird der Ein-
fachheit halber die Anzahl der Striche, die man gewöhnlich über
oder unter den betreffenden Buchstaben zu setzen pflegt, durch eine
oben oder unten angehängte Zahl angedeutet. Es ist also a^1
soviel als a C_1 soviel wie C.

2) Hat man in dieser Weise das einmal gestrichene a als Ausgangspunkt und Leitton festgestellt, so stimmt man zunächst die Unteroktave oder das kleine a vollkommen rein, ohne die geringste Schwebung zu dulden.

3) Der dritte zu stimmende Ton ist die Unterquinte des einmal gestrichenen a, das einmal gestrichene d oder d¹. Man stimmt zuerst die Quinte d¹ — a¹ vollkommen rein und schwächt sie dann ab, indem man das d¹ fast unmerklich hinauftreibt, bis die Schwebung vernehmbar wird, ohne jedoch dieselbe zu stark anwachsen zu lassen *).

Der Ungeübte wird wohlthun, nicht sogleich die erste Saite des d¹ nach der Quinte a¹ zu temperieren, um dann die übrigen mit dieser in Einklang zu bringen, sondern möge zu größerer Sicherheit zuvörderst alle Saiten des d¹ zu einer vollkommen reinen Unterquinte von a¹ ausstimmen und dann die erste Saite von d¹ höchst vorsichtig und langsam hinauftreiben, bis er zwischen ihr und der nächsten die Schwebung wahrnimmt, worauf er die zweite bis zum reinen Einklang mit der ersten erhöht, und dann dieselbe Erhöhung auch mit der dritten, bisher gedämpften, vornimmt. Dies Verfahren ist einfach deshalb vorzuziehen, weil die Schwebung zwischen Saiten, die im Einklang stehen sollten, leichter wahrzunehmen ist, als zwischen solchen, deren Verhältnis als reine Quinten etwas gestört ist. Im letztern Falle pflegt der minder Geübte die Schwebung meistens zu übertreiben, um sie deutlich zu erkennen, und bringt durch allzubedeutende Schwächung der Quinten das entgegengesetzte Mißverhältnis von dem hervor, welches er ausgleichen soll.

*) Man wird sich wohl nicht beirren lassen durch den scheinbaren Widerspruch, daß der untere Ton d hinauf getrieben wird, und dennoch die ganze Quinte unterwärts schweben soll. Der Abstand oder die Entfernung zwischen d und a wird ja durch die Erhöhung des untern Tones ganz ebenso vermindert, wie durch die Erniedrigung des obern; aus wichtigen Gründen aber zieht man vor, den tiefern Ton nach dem höhern einzustimmen, und schwächt also die Quinte durch ein Hinauftreiben desselben ab.

Glaubt man die Quinte richtig temperiert zu haben, so schlägt man als Probe die Quarte a — d^1 an, die um ebensoviel stärker sein oder überwärts schweben muß, als die Quinte zu schwach sein oder unterwärts schweben soll. Man schlägt die Quarte und Quinte abwechselnd schwach und stark an und hat zum Vergleich den Eindruck, welchen das Ohr empfing, als man vor Abschwächung der anfangs vollkommen rein gestimmten Quinte die ebenfalls reine Quarte mit ihr zusammenhielt.

4) Man stimme die Quinte g — d^1 erst ganz rein und schwäche sie dann in demselben Grade wie die Quinte d^1 — a^1.

5) Man stimme die Oktave g — g^1 vollkommen rein und schlage die Quarte d^1 — g^1 abwechselnd mit der Quinte g — d^1 an, um zu ermitteln, ob sie beide die richtige Temperatur haben.

6) Man stimme die Quinte c^1 — g^1 zuerst rein und schwäche sie dann im gleichen Maße wie d^1 — a^1. Die Quarte g — c^1 dient als Probe.

7) Man stimme die Oktave c^1 — c^2 vollkommen rein und vergleiche dann die Verhältnisse der Quinte c^1 — g^1 und der Quarte g^1 — c^2 miteinander, die der Quinte g — d^1 und der Quarte d^1 — g^1 entsprechen müssen.

8) Man stimme die Quinte f^1 — c^2 zuerst rein und temperiere sie dann. Nun schlage man die große Terz f^1 — a^1 an, welche nicht ganz rein sein darf, sondern deutlich merkbar, doch aber nicht zu stark oberwärts schweben muß. Hierauf schlage den vollen Dreiklang*) f^1 — a^1 — c^2 an, um aus dem Eindruck des Ganzen beurtheilen zu können, ob alles seine Richtigkeit habe.

———

*) Der Charakter des Dreiklangs beruht gänzlich auf der Terz, eine starke Terz macht ihn hart, eine schwache Terz dagegen weich.

Diese Terz f^1 — a^1, welche aus dem zuerst nach der Stimmgabel eingestimmten Leitton und der vierten Quinte a^1 entstanden ist, giebt eine sehr gute Probe, an der man ziemlich sicher ersehen kann, ob das bisherige Verfahren richtig gewesen ist. Wäre diese Terz allzustark oder zu groß, so würde dies beweisen, daß die Quinten zu sehr abgeschwächt worden sind; stellte sich im Gegenteil diese Terz als rein oder gar als unterwärts schwebend heraus, so sind die Quinten zu wenig ermäßigt worden. In dem einen wie in dem andern Falle muß man, ohne weiter zu gehen, den eingeschlichenen Fehler sogleich abzustellen suchen. Man schlägt zu dem Zwecke zuerst die vier Quinten f^1 — c^2, g — d^1, c^1 — g^1 und d^1 — a^1 langsam und in verschiedener auf- und absteigender Ordnung nacheinander an, um zu entdecken, ob das an jener Terz zu Tage getretene Mißverhältnis nur in einer oder in mehreren liegt. Auch die entsprechenden Quarten c^1 — f^1, d^1 — g^1, g^1 — c^2 und a — d^1 dienen mit zur Vergleichung, und es leuchtet ein, daß man diese Stufe durchaus nicht verlassen darf, ehe man den Fehler verbessert hat, denn jeder weitere Schritt würde ihn nur vergrößern und die zuletzt nur um so nötiger werdende Korrektur erschweren.

Weitere Proben der Quinte f^1 — c^2 sind der Sextenaccord a — c^1 — f^1, sowie der Quartsextenaccord c^1 — f^1 — a^1. Die kleine Sexte a — f^1 muß, als Ergänzung der etwas star ken großen Terz f^1 — a^1, schwach sein, während die große Sexte c^1 — a^1, der abgeschwächten kleinen Terz a — c^1 entsprechend, stark sein muß; doch dürfen beide Accorde diese Verhältnisse nicht zu grell herausstellen, sondern die Abweichungen müssen dem Gehör erträglich sein.

Damit ist die erste Abteilung der Partition zu Ende. Hat man bisher ein richtiges Verfahren beobachtet, so ist die größte Schwierigkeit überwunden, und man darf nur in derselben Weise fortfahren, um das Ziel sicher zu erreichen.

9) Man stimme und temperiere die Quinte b — f^1 in der angegebenen Weise und prüfe ihre Richtigkeit durch

die große Terz b — d¹, welche stark sein und der Terz
f¹ — a¹ genau entsprechen muß; dann untersuche man noch
den Dreiklang b — d¹ — f¹, den Sexténaccord b — d¹
— g¹, sowie den weichen Dreiklang g — b — d¹. Man
versäume nicht die Dreiklänge b — d¹ — f¹ und f¹ — a¹
— c² recht genau miteinander zu vergleichen, um zu ermitteln, ob sie beide denselben Grad von Härte haben.

10) Man stimme nun die Oktave b — b¹ ganz rein
und vergleiche die Quarte f¹ — b¹ mit den Quarten
a — d¹, d¹ — g¹, g¹ — c² und c¹ — f¹. Die volle Probe
der beiden b ergiebt sich aus dem Dreiklang mit der Oktave,
sowie aus dem Quartsextaccord d¹ — g¹ — b¹.

11) Man stimme und temperiere die Quinte es¹ — b¹
und prüfe das Verhalten des es¹ an der Quarte b — es¹,
schlage hierauf die Terz es¹ — g¹ und den Quartsextaccord b — es¹ — g¹ an, der, wie die vorhergehenden,
hart sein muß. Weitere Vergleichsproben sind der Dreiklang auf es, der weiche Dreiklang c¹ — es¹ — g¹, und
der weiche Quartsextaccord g — c¹ — es¹, den man mit
dem Accorde a — d¹ — f¹ zusammenhalten kann.

12) Man stimme und temperiere die Quinte as — es¹,
untersuche das Verhalten der Terz as — c¹, sowie des
vollständigen Accords as — c¹ — es¹, der ebenso hart wie
die vorher erhaltenen Dreiklänge auf es, b und f klingen muß.

13) Man stimme die Oktave as — as¹ vollkommen
rein und prüfe die starke Quarte es¹ — as¹, sowie den
weichen Quartsextaccord c¹ — f¹ — as¹.

14) Man stimme und temperiere die Quinte des¹ —
as¹ und vergleiche ihr Verhalten mit der starken Quarte
as — des¹, der großen Terz des¹ — f¹, sowie mit dem
Quartsextaccord as — des¹ — f¹, der, wie alle vorhergehenden, hart sein muß.

Hiermit ist die zweite Abteilung der Partition beendet, welche ein untrügliches Mittel darbietet, um Gewißheit zu erhalten, ob man richtig zu Werke gegangen ist.

Dies sind die drei großen Terzen a — cis¹ (oder des¹), des¹ — f¹ und f¹ — a¹, welche die Oktave a — a¹ bildend, gleichmäßig stark sein und, nacheinander angeschlagen, genau denselben Eindruck auf das Gehör machen müssen. Diese Probe ist bis hierher durchaus entscheidend und muß daher wiederholt und mit größter Aufmerksamkeit angestellt werden. Erst wenn man sich durch die Gleichheit dieser Terzen von dem Gelingen der bisherigen Arbeit unzweifelhaft überzeugt hat, geht man weiter zur dritten und letzten Abteilung.

15) Man stimme die Oktave des¹ — des² oder cis¹ — cis² vollkommen rein und prüfe sie in der bisherigen Weise mit den auf S. 38 der Notenbeispiele darunter verzeichneten Proben.

16) Man stimme und temperiere die Quinte fis¹ — cis² und vergleiche den harten Dreiklang fis¹ — ais¹ — cis² mit dem Dreiklang f¹ — a¹ — c², dem er genau entsprechen muß. Eine zweite Probe liefert der Quartsextaccord a — d¹ — fis¹, der, gleich allen andern, erträglich stark sein muß. Eine entscheidende Probe hat man endlich an den drei starken Terzen b — d¹, d¹ — fis¹ und fis¹ — ais¹, die vollkommen gleiche Verhältnisse bieten müssen. Zur vollen Beruhigung untersuche man auch das Verhalten der übrigen angezeigten Accorde.

17) Man stimme und temperiere die Quinte h — fis¹ und prüfe sie ganz wie die vorhergehende mit drei starken Terzen g — h, h — dis¹, es¹ — g¹, mit den Dreiklängen g — h — d¹ und h — dis¹ — fis¹, sowie mit den übrigen angegebenen Accorden.

18) Man stimme die Oktave h — h¹ vollkommen rein, und untersuche dann die Quarte fis¹ — h¹, die starke Terz g¹ — h¹ und den Quartsextaccord d¹ — g¹ — h¹.

19) Man stimme und temperiere die Quinte e¹ — h¹, vergleiche sie mit der starken Quarte h — e¹, prüfe die Gleichmäßigkeit der Terzen as — c¹, c¹ — e¹ und e¹ — gis¹ und untersuche endlich das Verhalten der übrigen angegebenen Accorde.

Mit dieser Quinte ist die Partition beendet. Ob sie
vollständig gelungen ist, ergiebt sich aus dem Verhältnisse der Quinte a — e¹, die, aus dem ersten und letzten
gestimmten Ton gebildet, in genau demselben Maße abgeschwächt erscheinen muß, wie alle andern. Ist diese Quinte
zu schwach, also das e¹ zu tief geworden, so wird bei der
Terzenprobe die Terz c¹ — e¹ zu klein und die Terz e¹
— gis¹ zu groß sein; hat man dagegen bis hierher die
Quinten allzusehr abgeschwächt, so daß nun die letzte Quinte
a — e¹ zu groß sich ergiebt, so wird die Terz c¹ — e¹
zu stark und die Terz e¹ — gis¹ zu klein sein.

In einem solchen Falle müssen die letzten Quinten
mit Hilfe der angegebenen Proben genau untersucht werden,
um die Ursache dieses Mißverhältnisses zu entdecken und zu
verbessern. Erreicht man hierdurch seinen Zweck nicht, so
muß man, um sicher zu gehen, die Gegenteilung vornehmen.

Die Gegenteilung.

§ 39. Die Gegenteilung besteht in einer Fort-
schreitung durch die zwölf aufsteigenden schwachen Quinten a — e, e — h, h — fis u. s. w. und dient dazu, auf
diesem Wege in der Partition wieder zurückzugehen, um
den begangenen Fehler zu entdecken, indem man gleich von
der ersten Quinte a — e an jede Unrichtigkeit verbessert,
bis man die Stelle des eigentlichen Irrtums aufgefunden
hat. Nachstehendes Beispiel enthält auf der obersten Zeile
die Gegenteilung und auf den darunter stehenden die entsprechenden Proben und Vergleichungen. Es versteht sich,
daß bei der Gegenteilung nur die in ihr selbst bereits fest-
gestimmten Töne und Intervalle als Proben benutzt werden
können, da ja die Richtigkeit aller andern zweifelhaft geworden ist und diese mithin ebensowenig einen zuverlässigen
Anhaltepunkt bieten, als bei der Partition die noch gar nicht
gestimmten Töne.

Die Oktaven rein, die Quinten schwach.

Gegentei-
lung

Die Quarten stark.

Quarten
zur Probe

Die Terzen stark.

Terzen
zur Probe

Die Accorde erträglich.

Accorde
zur Probe

Die Verhältnisse gleich.

Vergleiche

Gegentei-
lung.

Quarten
zur Probe

Terzen
zur Probe

Accorde
zur Probe

Vergleiche

§ 40. Die hier angegebene Gegenteilung vollführt man in folgender Weise:

1) Man schlägt zunächst das eingestrichene a an, welches sich verstimmt haben könnte, und stimmt es genau nach der Stimmgabel. Hiernach verbessert man den etwaigen Fehler der Unteroktave a.

2) Man schlage nun die Quinte $a — e^1$ an, stimme jetzt das e zuerst rein und schwäche es dann fast unmerklich.

Es könnte nun freilich bei dieser Gegenteilung nach aufsteigenden Quinten der in § 34 besprochene Uebelstand eintreten, daß man die Saiten nachlassen müßte, in welchem Falle sie die Stimmung nicht zu halten pflegen; allein gewöhnlich liegt der in der Partition begangene Fehler darin, daß man die Quinten allzusehr geschwächt hat, so daß es nötig wird, sie bei der Gegenteilung etwas zu verstärken, d. h. zu vergrößern, wozu sich gerade das Stimmen nach aufsteigenden Quinten besonders gut eignet, indem man den obern Ton hinauf treibt. Sollte aber dennoch das Gegenteil der Fall und die Quinte zu stark sein, so daß man den höhern Ton ermäßigen müßte, so hüte man sich wohl, dies durch ein geringes Nachlassen der Saiten bewerkstelligen zu wollen, sondern verfahre in folgender Weise: Man lasse zwei Saiten ungedämpft, lasse dann die erste sogleich wenigstens einen vollen halben Ton herab und ziehe sie nun, unter wiederholtem Anschlagen der Taste, langsam und recht vorsichtig hinauf, bis die Schwebung hörbar wird. Das schon vorher bemerkte Mißverhältnis der Quinte muß ergeben haben, wie weit sie abzuschwächen ist, und demgemäß schreitet man auch mit dem Hinaufziehen der Saite fort, bis man sich dem Einklange mehr oder weniger nähert. Glaubt man den richtigen Punkt erreicht zu haben, so dämpft man jetzt auch die zweite Saite und prüft das Verhalten der ersten zum Grundton. Dem geübteren Ohr wird sich dann jenes Schweben bemerkbar machen, welches zwischen zwei Tönen eintritt, die beinahe, aber doch nicht vollkommen eine reine Quinte bilden. Hat man in solcher Weise die erste Saite festgestellt, so läßt man nun die zweite ebenfalls einen vollen halben Ton herab und stimmt sie aufwärts in reinem Einklang mit der erften, und ebenso endlich die dritte.

In dem zuerst erwähnten häufigern Falle, daß die Quinten in der Partition allzusehr abgeschwächt wurden und auch der Reinheit mehr zu nähern sind, läßt man ebenfalls zwei Saiten ungedämpft und treibt die erste hinauf, so daß sie, je nach Bedürfnis, mehr oder weniger über der andern schwebt, worauf man diese, sowie die dritte in Einklang mit ihr bringt.

Gelänge es jedoch auf diese Weise durchaus nicht, die richtige Temperatur zu erzielen, so bleibt nichts übrig, als die Quinte, — das ganze Saitenchor des oberen Tones, — zuerst vollkommen rein zu stimmen, dann zwei Saiten ungedämpft zu laffen, die erste einen vollen halben Ton herabzufetzen und langfam bis in die Nähe des Einklangs mit der andern, d. h. bis die Schwebung sehr schwach und langfam wird, hinaufzutreiben und dann in der angegebenen Weife die andern Saiten in Einklang mit ihr zu bringen, es sich jedoch durchaus zum Gefetz machend, niemals eine Saite von oben herab zu stimmen, etwas nachzulaffen, fondern immer sie von unten hinaufzutreiben.

Die Probe dieser erften Quinte der Gegenteilung ist die Quarte e¹ — a¹, welche etwas hart klingen muß, ohne jedoch das Ohr zu verletzen.

3) Man unterfuche die Quinte e¹ — h¹; zeigt sie Mängel, so stimme man in obiger Weife das h¹ nach dem e¹, bis die Quinte dasselbe Verhältnis zeigt wie die vorhergehende.

4) Man stimme zunächst die Oktave h¹ — h vollkommen rein und schlage dann die Quarte h — e¹ an, welche ebenso hart sein muß, wie die Quarte e¹ — a¹.

5) Man prüfe die Quinte h — fis¹; erweist sie sich noch fehlerhaft, so verbeffere man das Mißverhältnis nach Maßgabe der vorherigen Quinten und vergleiche ihr Verhalten mit der starken Quarte fis¹ — h¹.

6) Man schlage die Quinte fis¹ — cis² an, stimme und temperiere nötigenfalls das cis² nach dem fis¹ und

schlage die große Terz $a^1 - cis^2$ an, welche etwas stark sein muß; untersuche auch den Quartsextaccord $e^1 - a^1 - cis^2$.

7) Man stimme dann die Oktave $cis^2 - cis^1$ vollkommen rein und prüfe nun das Verhalten der Quarte $cis^1 - fis^1$, sowie des harten Dreiklangs $a - cis^1 - e^1$, welcher dem ersten Accord $f^1 - a^1 - c^2$ in der Partition an Härte gleichkommen muß.

8) Man verbessere alsdann die Quinte $cis^1 - gis^1$ und fahre nach Angabe des Notenbeispieles in dieser Weise fort, bis der Fehler gänzlich verschwunden ist und man zu einer Quinte kommt, die allen Anforderungen und Proben vollständig genügt, womit die Gegenteilung beendet und die Partition als gelungen anzusehen ist. Zuweilen jedoch ist man genötigt, in dieser Art Schritt für Schritt bis zur ersten Quinte der Partition $d^1 - a^1$ zurückzugehen, und träfe es sich dann, daß in Folge von Fehlern, die man in der Gegenteilung gemacht hat, diese Quinte sich falsch erwiese, so würde man, um dies neue Verfahren zu verbessern, die Partition zum zweiten Male beginnen müssen, bis man zu einer vollständig befriedigenden Quinte gelangt.

Ist endlich die Partition gelungen und keinem Zweifel mehr unterworfen, so vollendet man die Stimmung des Instrumentes in folgender Weise.

Die Stimmung nach oben und nach unten.

§ 41. Die Stimmung aller höhern und tiefern Töne wird einfach nach reinen Oktaven bewirkt, indem man die in der Partition festgestellten Töne zur Grundlage nimmt. Man stimmt zuerst den Diskant bis zu Ende, hierauf den Baß und geht dann den Diskant nochmals durch, um zu verbessern, was sich etwa verzogen haben könnte. Zur Probe hierbei dient immer der volle Dreiklang und Quartsextaccord. Beispiel A zeigt das einzuschlagende Verfahren für den Diskant, und Beispiel B für den Baß.

Beispiel A.

u. s. f. bis zu Ende.

Beispiel B.

u. s. f. bis zu Ende.

§ 42. Da die Reinheit der Oktaven von jedem leidlich geübten Ohre leicht und mit Zuverlässigkeit erkannt werden kann und jede Abweichung sich bei diesem Intervalle sofort bemerklich macht, so lassen sich bei dieser Arbeit bei gehöriger Aufmerksamkeit Fehler leicht vermeiden. Was das Verfahren anlangt, so beginnt man mit dem ersten Tone über der Partition und geht von Taste zur Taste weiter bis zur letzten, wo man nur die Ordnung umkehrt und mit der obersten Saite beginnt, weil man sonst keinen Halt für den Keil finden würde. Die Ausstimmung des Basses, mit dem ersten Tone unter der Partition beginnend, wird in ebenso einfacher Weise vollendet*).

§ 43. Durch die starke Besaitung, welche die neueren Instrumente haben, ist jedoch noch ein besonderes Verfahren bedingt, dessen man sich beim Stimmen bedienen muß, wenn diese Instrumente die Reinheit der Stimmung bewahren sollen. Infolge der großen Spannung geben nämlich bei solchen Instrumenten die höheren Oktaven leicht merklich nach, während der Baß feststeht oder sogar steigt. Man hält deshalb beim Stimmen den Diskant etwas a u f w ä r t s schwebend, und zwar um so mehr, in je höhere Töne

---

*) Dem Uebelstande, daß man in den tieferen Tonlagen nur schwer feine Tonunterschiede wahrzunehmen imstande ist, hat A u g u s t i n u s U h l i g in Leipzig durch einen ihm patentierten Stimmapparat zu begegnen gesucht.

man kommt, den Baß dagegen stimmt man mit zunehmender Tiefe u n t e r w ä r t s s ch w e b e n d. Als Richtschnur hierbei dienen die Quinten, wie in Beispiel C angedeutet ist, und man strebt danach, daß die neu zu stimmenden Töne des Diskantes nach Maßgabe ihrer Höhe sich mit ihren Unterquinten mehr und mehr der vollen R e i n h e i t nähern, bis endlich in den höhern Oktaven die abschwächende Temperatur fast unmerklich wird und zuletzt ganz verschwindet. Es werden also die Oktaven in steigendem Maße forciert oder übertrieben.

Aufsteigende Oktaven.

Beispiel C.

u. s. f. bis zu Ende.

Ganz ähnlich verfährt man im Baß (Beispiel D) auf folgender Seite), nur daß hier jedesmal der höhere Ton als Richtschnur für die Unterquinte dient und diese um so stärker oder reiner wird, je tiefer man kommt.

Absteigende Oktaven.

Beispiel D.

u. s. f. bis zu Ende.

Diese Operation erfordert nun allerdings ebenso große
Sicherheit als Aufmerksamkeit, denn der Unterschied in der
Stimmung der beiden äußersten Oktaven und der Mittellage muß so fein und zugleich durch so allmähliche Ueber-
gänge vermittelt sein, daß derselbe beim gewöhnlichen Spiel
gänzlich unbemerkt bleibt; denn sonst hätte man ja, um
einer befürchteten späteren Unreinheit vorzubeugen, das Instrument gleich von vornherein auf störende Weise verstimmt.
Anfängern ist daher zu raten, sich, unbekümmert um diese
schwierigeren und minder wesentlichen Aufgaben, solange der
einfachen, möglichst gleichmäßigen Temperatur über das
ganze Instrument zu befleißigen, bis sie diese ohne Fehler
herzustellen vermögen, und erst dann sich eine wohlüberlegte
Abweichung zu erlauben, wenn sie ihres Ohres und ihrer
Hand vollkommen sicher geworden sind.

§ 44. Ist auch der Baß in der vorbeschriebenen Weise beendet, so geht man den Diskant nochmals recht sorgfältig durch, was man das Nachstimmen nennt, und bewährt dann die Generalstimmung des Klavieres dadurch, daß man vierstimmige Accorde greift (Beispiel E), die alle Tonarten durchschreitend den harmonischen Zirkel bilden. Durch diesen kreisförmigen Accordengang, den man auch über andere Lagen ausdehnen kann, erhält man die Gewißheit, daß alle Töne gleich erträglich temperirt sind und die Stimmung als gelungen betrachtet werden kann.

Der harmonische Zirkel.

Beispiel E.

Die Technik der Stimmkunst.

---

§ 45. Nicht minder wichtig als die Theorie des Tones und der Stimmung, ist dem ausübenden Stimmer die genaue Kenntnis und Beurteilung aller Materialien und Werkzeuge, welche er bei seiner Arbeit bedarf, sowie ein inniges Vertrautsein mit allen den Operationen, Regeln und Handgriffen, durch deren Befolgung er seine Aufgabe erleichtern und ihr Gelingen sichern kann.

Die Lehre von der Technik der Kunst des Klavierstimmens zerfällt demgemäß in zwei Hauptteile, deren erster die Beschreibung der dem Stimmer nötigen Materialien und Werkzeuge enthält, während der zweite die gesamten praktischen Vorschriften umfaßt.

Die Materialien und Werkzeuge.

§ 46. Die zum Stimmen nötigen Materialien und Werkzeuge sind gering an Zahl und von sehr einfacher Art, doch erfordert die Beurteilung, Auswahl oder Selbstverfertigung von einigen unter ihnen etwas Sorgfalt.

Gebraucht wird zunächst

a) Ein Vorrat guter Saiten. — Es giebt dreierlei Gattungen von Klaviersaiten: stählerne oder eiserne, — welche denselben Zwecken dienen, — messingene, und mit Eisen- oder Kupferdraht oder auch mit beiden übersponnene Saiten. Ein weiterer Unterschied liegt in ihrer Stärke oder Dicke. Ein Blick in das Instrument lehrt, daß die übersponnenen Saiten, deren Kern jetzt immer Stahl ist, für die tiefsten Baßtöne dienen. Auf die übersponnenen Saiten folgen bei älteren Instrumenten Messing- und weiter nach dem Diskante hin Eisen- oder Stahlsaiten; bei neueren Instrumenten kommen die Messingsaiten jedoch nicht mehr in Anwendung, sondern sämmtliche glatte Saiten sind Stahlsaiten, wie die Kerne der über-sponnenen Baßsaiten.

Früher wurden gute Stahlsaiten vorzugsweise nur in England gefertigt; später gelang es aber auch der Wiener Firma Miller u. Sohn, ein vortreffliches Produkt zu liefern, und gegenwärtig übertreffen die Saiten von Pöhlmann in Nürnberg alle anderen.

Es ist gebräuchlich, die Saiten je nach ihrer Stärke mit verschiedenen Nummern zu bezeichnen, die freilich nicht bei den verschiedenen Fabriken miteinander übereinstimmen; ja selbst bei einer und derselben Fabrik haben die Saiten gleicher Nummer nicht immer denselben Durchmesser. Des-halb kann man sich nie unbedingt auf die Saitennummern verlassen, muß vielmehr immer die Stärke derselben mittels des weiter unten zu erwähnenden Chordometers prüfen. Uebrigens führen die für Klaviere üblichen Stahlsaiten bei uns die Nummern 10, 10½, 11 ꝛc. bis 19, 20 ꝛc. bis 27, wobei die höchsten Nummern den stärksten Saiten zu-kommen.

Es ist unerläßlich, bei der Auswahl neuer Saiten die größte Vorsicht zu üben und genau darauf zu achten, daß sie denjenigen, welche sie ersetzen sollen, sowohl an Stärke wie an Stoff durchaus gleich seien. Kommt man jedoch einmal in die Verlegenheit, sich mit einer unpassenden Saite be-helfen zu müssen, so ist jederzeit eine feinere einer dickeren vorzuziehen. Ferner sehe man darauf, daß die Saite rein, nicht gespalten oder auch rauh sei, keine tief eingefressenen Rostflecke und keinen Bruch habe. Leichte Rostflecke oder sogenannter Rostanflug, bei Stahlsaiten häufig vor-kommend, machen diese noch nicht unbrauchbar und lassen sich durch Abreiben mit Bimsstein oder einem runden Stück-chen Blei leicht entfernen. Ist jedoch der Rost an irgend einer Stelle tiefer eingedrungen, so verwerfe man das be-schädigte Stück sofort als unbrauchbar. Ein bloßer Bug gefährdet die Haltbarkeit der Saite durchaus nicht, wogegen bei einem Bruch oder, wie man es auch nennt, bei einem Knie, der Zusammenhang der Theile bereits gelöst ist und die Saite bei der geringsten Spannung oder Anstrengung an dieser Stelle zerreißen würde, weshalb man ein derart verdorbenes Stück sogleich abbrechen muß.

Der Stimmer thut wohl, wenn er sich stets mit Stahlsaiten von Nr. 12 bis 14 versieht, da diese Saiten vorzüglich dem Reißen ausgesetzt sind. Die übersponnenen Saiten reißen fast nie und können nur durch ganz gleiche ersetzt werden.

Da die Klavierfabrikanten nur selten die Nummern der Saiten, mit denen sie ihre Instrumente beziehen, auf diesen anzeigen, so braucht der Stimmer, um sich in der Stärke der neu aufzuziehenden Saiten nicht zu irren, einen

b) Saitenmesser, auch Chordometer (Metrochord) genannt, Fig. 2, ein kleines Instrument von Messing, dessen Gebrauch sich aus der Abbildung erklärt. Man mißt hiermit die Dicke der gesprungenen Saite, um sie durch eine ganz gleiche ersetzen zu können.

Einen einfacheren Saitenmesser zeigt Fig. 3. Er besteht, wie man sieht, aus ein Paar Metallstreifen, die einen sich verengenden Spalt zwischen sich haben, in welcher sich die Saite je nach ihrer Dicke mehr oder weniger tief einschieben läßt.

Fig. 2.   Fig. 3.

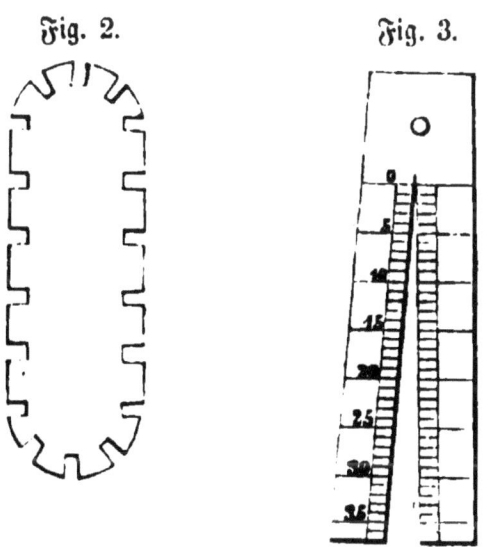

Noch andere Chordometer faſſen die Saite nach Art einer Zange zwiſchen zwei kurzen Schenkeln, und es wird dann auf einer an der Verlängerung des einen Schenkels angebrachten Skala von einem beweglichen Zeiger die Oeffnung der beiden Schenkel mittels eines Zeigers angegeben, wie **Fig.** 4 angiebt, oder man hat auch ein vollſtändiges Zifferblatt, auf dem ſich der Zeiger bewegt (**Fig. 5**). Solche Saitenmeſſer ſind beſonders bequem, wenn es ſich darum handelt, die Dicke der Saiten auf dem Piano ſelbſt zu meſſen.

Fig. 4.   **Fig. 5.**

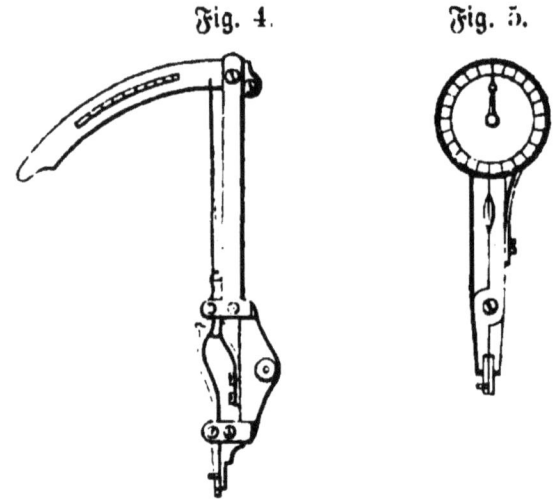

c) Ferner braucht man ein Stück **Bimsſtein** zum Abreiben leichter Roſtflecke der Saiten. Der hierzu erforderliche Bimsſtein muß porös, von dichtem, feinem Korn ſein, keinen Sand oder andere fremde Körper in ſich führen und nicht aus allzukleinen Stücken beſtehen. Die graue Sorte, welche inwendig glänzt, auf dem Waſſer ſchwimmt und recht rein und ſchwammig iſt, verdient den Vorzug. Man kann den Bimsſtein entweder roh, im natürlichen Zuſtande oder zubereitet, d. h. ausgeglüht anwenden. In beiden Fällen ſchneidet man die meiſtens etwas unförmlichen Stücke mittels einer Säge zu, nimmt dann zwei Stücke und schleift sie mit Wasser solange recht genau gegeneinander, bis sie eine gute Bahn bekommen haben, worauf man die Stücke vor ihrer Anwendung gehörig abtrocknen läßt. Will man eine rostige Saite damit abreiben, so spannt man sie auf, daß man überall dazu kommen kann, reibt sie von allen Seiten gut ab, nimmt dann einen wollenen Lappen, streut etwas fein geschabte weiße Kreide oder groben Tripel darauf und poliert damit. Statt des Bimssteins kann man auch ein Stück Blei, Korkholz, Blutstein u. s. w. anwenden.

d) Ein kleiner Blasebalg dient zum Ausstäuben des Innern des Instrumentes, weil der feuchte Hauch des Mundes die Saiten rosten machen würde.

e) Ein Stimmhammer zum Herausnehmen und Einschlagen der Wirbel, zum Drehen der Schlingen, sowie zum An- und Abspannen der Saiten. Die Abbildungen **Fig.** 6, 7, 8 und 9 zeigen die gebräuchlichsten Formen.

Fig. 6.   Fig. 7.

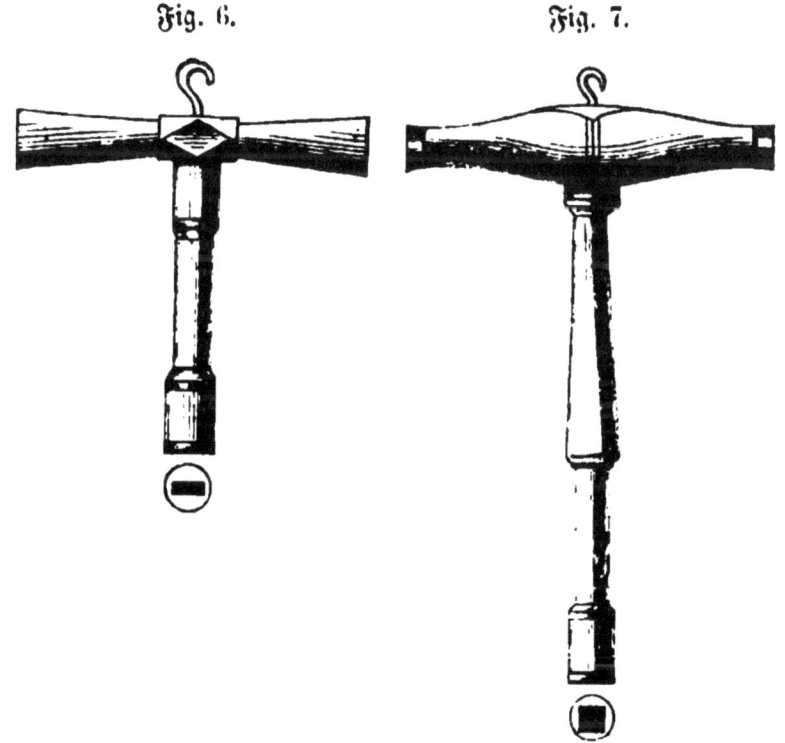

Fig. 6 und 7 sind durch die, den länglichen oder vier-
eckigen Wirbelköpfen entsprechenden Löcher unterschieden;
außerdem hat **Fig.** 7 einen längern Fuß und ist für auf-
rechtstehende Klaviere (Pianinos) bestimmt. Beide Abbildungen stellen übrigens den alten, gewöhnlichen Hammer
vor, der zwar in sich allein allen nötigen Anforderungen
zugleich zu genügen sucht und deshalb auch am verbreitetsten
ist, aber eben seiner Vielseitigkeit wegen in manchen Punkten zu wünschen übrig läßt. Sein oben in der Mitte des
Kreuzes stehender und zum Drehen der Saitenschlingen be-
stimmter Haken macht ihn zwar unentbehrlich, stört jedoch
sehr beim Stimmen, wo die Hand flach und fest auf dem
Hammer ruhen und einen bedeutenden Druck üben soll.
Deshalb bedient man sich zum Stimmen gerne eines Hammers, dessen Handhabe, wie **Fig.** 8 zeigt, mit Holz um-

Fig. 8.

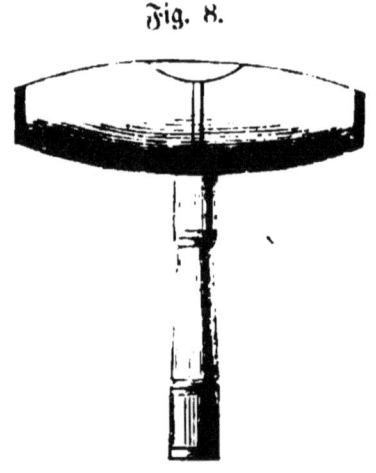

kleidet ist. **Fig.** 9 endlich ist ein Stimmhammer, der den
großen Vorzug hat, daß er, vermöge des langen Hebel-
armes, eine sehr feine Nüancirung der Wirbelumdrehung
gestattet, während mit den andern Hämmern, wo die Hand
auf der Achse selbst ruht, schon die geringste Bewegung einen
ziemlich bedeutenden Unterschied macht und es daher weit
schwerer fällt, die überaus zarten Schwebungsverhältnisse,

welche das geübte Ohr verlangt, in der Ausführung zu verwirklichen und sich vor dem Zuviel zu bewahren, welches dann immer die Notwendigkeit des Nachlassens und Beginnens von neuem nach sich zieht.

Fig. 9.

Es ist daher jedem Stimmer zu raten, sich außer einem Stimmhammer der ersten Art, womöglich auch mit einem der letzten zu versehen, welcher sich besonders dem Anfänger sehr nützlich erweisen würde.

Der Stimmer hüte sich jedoch, den langen Hebelarm nach unten zu drücken, damit nicht der Wirbel gehoben und gelockert werde. Gewissenlose Stimmer machen dies Manöver, um leichte Arbeit zu haben und — bald wieder kommen zu können; denn durch das Heben und Lockern der Wirbel wird das längere Anhalten einer reinen Stimmung des Instruments hintertrieben.

In neuester Zeit bedient man sich auch des sogenannten **Sternhammers**, dessen Loch sternförmig, auf das regelmäßige Sechseck basiert ist (siehe **Fig. 10**) und welcher zu allen Wirbelverhältnissen paßt. Derselbe ist von Frankreich patentiert und wird von Paris bezogen.

Fig. 10.

f) Eine scharfe **Drahtzange**, sowohl zum Abkneipen der stärkern Saiten, als auch zum Ausziehen der Stifte und Wirbel.

g) Ein **Keil-** oder **Stimmleder**, **Fig. 1.** Von seiner Bestimmung ist bereits gesprochen worden, und die Abbildung zeigt die Form. Es ist dies ein dünnes, keilförmig zugespitztes Stückchen Holz, an dem Keilende mit weichem Leder überzogen. Statt dessen verwendet man jetzt gern Abfälle von Hammerfilz, die man zweckmäßig formt. **Fig. 11** ist der bei aufrechtstehenden Instrumenten gebräuchliche Dämpfer oder Keil.

h) Eine **Stimmgabel** zur festen Bestimmung des Normal- oder Stimmtones, der als Ausgangs- und Vergleichspunkt für alle andern bient. Es ist bies ein Instrument von Stahl,

Fig. 11.   Fig. 12.

bessen Abbildung **Fig. 12** eine weitere Beschreibung seiner Form überflüssig macht. Man schlägt bei der Anwendung den einen Zinken mit seinem Ende ziemlich stark gegen irgend einen festen Körper und setzt dann schnell den Fuß der Gabel auf den Resonanzboden, durch dessen Vibrationen der sonst wenig bemerkliche Ton des kleinen Instrumentes sich so verstärkt, daß er kräftig und lange fortklingt und das Einstimmen der betreffenden Saiten leicht macht.

Es giebt Stimmgabeln von allen Tönen, doch bedient man sich beim Stimmen der Klaviere allgemein nur der A-Gabel, welche das einmal gestrichene a angiebt. Beim Ankauf wie beim Gebrauch der Stimmgabeln sind einige Vorsichtsmaßregeln zu beobachten. Es herrschte früher eine große Verschiedenheit in der musikalischen Stimmung, nicht nur zwischen den verschiedenen, entfernteren Städten, sondern auch an einem und demselben Orte. Man hatte einen **Chorton**, einen **Kapellton** und einen **Kammerton**, von denen der erste um einen ganzen Ton höher als der letzte war, und der zweite die Mitte zwischen beiden hielt. Obwohl nun jetzt diese Unterscheidung nicht mehr in der frühern Weise gilt, so ist doch noch keineswegs eine Gleichmäßigkeit der Stimmung hergestellt und dem entsprechend giebt es auch Stimmgabeln von einerlei Bezeichnung, wie A-Gabeln, die in Betreff der Höhe dieses A sehr verschieden sind. Weil nun aber kaum eine gewagtere Operation mit einem Klaviere vorgenommen werden kann, als eine namhafte Veränderung seiner Stimmung, gleichviel ob aufwärts oder abwärts, und ein Instrument sich stets am besten dabei befindet, wenn seine ursprüngliche Stimmung, auf die sein ganzer Bau berechnet ist, streng beibehalten wird, so muß der Stimmer bei der Auswahl seiner Stimmgabel sich genau an die Stimmung halten, welche die Instrumentenmacher, mit deren Klavieren er meist zu thun hat, selbst anwenden. Wer nur sein eigenes Instrument instand zu halten wünscht, läßt sich am besten von dem Fabrikanten desselben eine Gabel geben.

Uebrigens ist der erwähnte Uebelstand der Verschiedenheit der Stimmung gegenwärtig weniger bedeutend als früher; seit dem Jahre 1859 ist nämlich in Frankreich offiziell eine Stimmung eingeführt, bei welcher a^1 genau 435 ganze Schwingungen in der Sekunde (nach französischer Zählungsweise 870 Halbschwingungen) macht, und diese Stimmung hat sich auch bei uns mehr und mehr Eingang verschafft.

Beim Gebrauch hat man darauf zu achten, daß die Stimmgabel nicht allzukalt sei, wenn man nach ihr einstimmen will, denn, wie bekannt, zieht sich der Stahl in der Kälte nachträglich zusammen, und der Ton der Gabel würde demzufolge höher sein, als er sollte. Schon die Hand jedoch reicht hin, das kleine Instrument binnen wenigen Augenblicken auf den nötigen Punkt zu erwärmen.

i) Ein kleiner Haken von Draht, den man sich selbst aus einem Stück Saite fertigt, um die neu aufzuziehenden Saiten durch die Tuchgeflechte zu ziehen, die sich noch bei manchen älteren Instrumenten vor der Schlingenleiste befinden.

k) Ein kleines Messer mit sehr dünner Klinge, zu den häufig vorkommenden Reparaturen an Hämmern u. s. w.

l) Zwei Schraubenzieher, wovon der eine sehr fein sein muß.

m) Ein Stückchen Büffel- oder Hirschleder.

n) Ein Blechbüchschen mit feinem Leim.

Dies sind die hauptsächlichsten Gegenstände, mit denen ein Klavierstimmer jederzeit versehen sein muß, um allen gewöhnlichen Vorkommnissen begegnen zu können. Die Weise, wie man diese Dinge verpackt und bei sich trägt, steht in eines jeden Belieben; manche Stimmer bedienen sich eines einfachen Leinwandsäckchens, andere eines Kastens, Fig. 13, was jedenfalls eleganter und insofern auch zweckmäßiger ist, als es die Saiten und feinern Werkzeuge besser vor Beschädigung schützt.

Fig. 13.

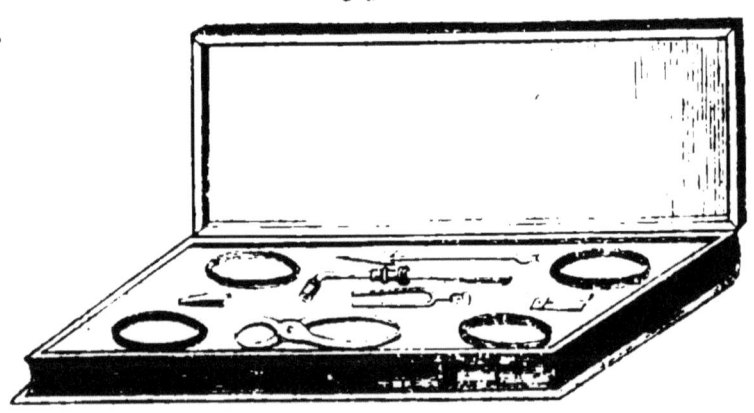

Ein Liebhaber, der nur sein eigenes Instrument instand halten will, braucht von den genannten Gegenständen nur eine Stimmgabel, einen Stimmhammer, eine flache, scharfe Zange, einen Keil und drei bis vier Rollen der gebräuchlichsten Saitennummern aus den höheren Lagen, denn die tiefern Saiten zerspringen nur selten.

Ueber die mechanischen Operationen beim Klavier-stimmen.

Das Aufziehen neuer Saiten.

§ 47. Das erste, nachdem der Deckel des zu stim-menden Instrumentes aufgehoben und gestützt, der etwa vor-handene falsche Resonanzboden abgenommen und das In-nere mittels des Blasebalges von Staub und andern Un-reinigkeiten befreit ist, muß sein, sich zu überzeugen, ob Saiten gesprungen und daher neue aufzuziehen sind. Ist dies der Fall, so verfährt man folgendermaßen:

Zuerst nimmt man den betreffenden Wirbel aus dem Stimmstocke, wozu man sich entweder einer breiten Zange oder des Stimmhammers bedient, indem man den Wirbel rückwärts, d. h. von rechts nach links dreht. Hat man den Wirbel von dem daran hängenden Gewinde befreit, so steckt man ihn leicht wieder an seinen Platz, hebt die Dämpfung ab, wenn sie sich über den Saiten befindet, — sie ist nur mit ein paar Haken oder Handschrauben befestigt, — und löst das andere Stück der gesprungenen Saite von dem Schlingenstift ab. Hierauf windet man etwa ein 15 cm langes Stück der Saite, die man entweder nach dem Chordo-meter oder nach der manchmal neben den Schlingenstiften verzeichneten Nummer als die passende befunden hat, von der Rolle ab, klemmt sie an dem Einschnitte fest, damit sie nicht aufspringen und sich verwirren kann, biegt das zur Schlinge bestimmte, ungefähr $2^1/_2$ cm lange Ende übers Kreuz zu-sammen, drückt es hier mit Daumen und Zeigefinger so fest als möglich, hängt den Haken des Stimmhammers in die Biegung und dreht ihn von der Linken zur Rechten (Fig. 14) so daß ein $2^1/_2$ cm langes Gewinde mit der Schlinge am Ende gebildet wird, in der Art, wie Fig 15 zeigt. Dies Gewinde muß weder zu fest, in welchem Falle es leicht reißen würde, — noch zu locker sein, damit es sich nicht aufziehe. Sobald man fühlt, daß sich die Drehung zwischen die Finger der linken Hand zieht, welche die Saite

5*

halten, kann man aufhören. Das Oehr der Schlinge mag eher etwas zu groß, als zu klein sein, denn im letzten Falle ist es schwer einzuhängen und reißt auch leicht. Der Vergleich mit der Abbildung und den übrigen Saitenschlingen belehrt am besten über das richtige Verhältnis der Größe des Oehrs, wie der Länge des Gewindes.

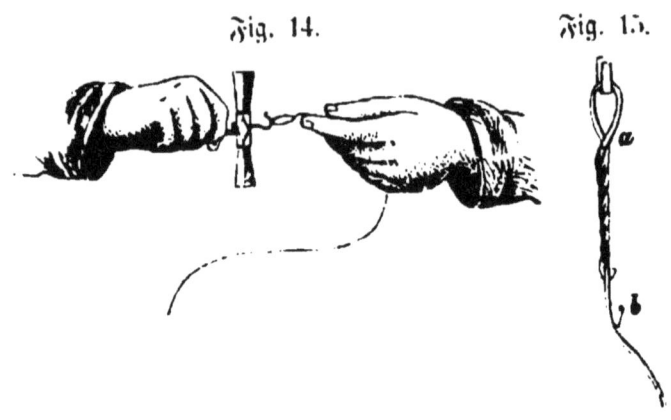

Fig. 14.   Fig. 15.

Sehr starke Saiten lassen sich nicht wohl zwischen den Fingern zu einer festen, dauerhaften Schlinge drehen, man bedient sich deshalb bei ihnen einer breiten Drahtzange, mit der man das zusammengebogene Ende festhält; doch ist der Gebrauch derselben, wo er sich nicht unerläßlich erweist, möglichst zu vermeiden, einesteils, weil man nicht, wie mit den Fingern, fühlen kann, wann die Schlinge den gehörigen Grad der Drehung erreicht hat, und anderseits, weil der starke Druck der Zange die Saite leicht beschädigt. Ausdrücklich ist noch darauf aufmerksam zu machen, daß das Gewinde nicht ganz bis zum Anlegestift (**Fig. 15, b**) oder gar darüber hinaus reichen darf, weil sonst die Saite nicht fest liegt und ein schwirrender, unreiner Klang entsteht.

Nun hängt man die Saite an den Schlingenstift und mißt ihre Länge ab, so daß sie ungefähr 6 bis 7 cm über den Wirbel hinausreicht. In dieser Länge klemmt man sie wieder in den Einschnitt der Rolle fest und bricht oder kneipt sie mittels der Zange ab. Es wäre doppelt unvor-

sichtig, die Saite abzumessen und abzubrechen, noch ehe die
Schlinge gebildet ist, denn die Rolle erleichtert bei dieser
Arbeit das Festhalten der dünnen Saite, und dann zerreißt
auch zuweilen die Schlinge, noch ehe sie fertig ist, in welchem Falle die abgemessene Saite zu kurz und folglich unbrauchbar würde. Befindet sich etwa ein Tuchgewinde
zwischen den Saiten, — was bei ältern Instrumenten noch
vorkommt, — so zieht man die Saite, ehe man sie ein-
hängt und abreißt, mit dem Schlingenende hindurch, wobei ein Vergleich der nächsten Saiten über die richtige Lage
belehrt.

Hierauf legt man das abgebrochene Ende der Saite
der Länge nach von oben nach unten auf den Wirbel und
wickelt die Saite unter straffem Anziehen von der Linken
zur Rechten dergestalt darüber hin, daß jeder Ring dicht
und fest neben den andern zu liegen kommt. Sobald das
Gewinde hinlänglichen Halt verspricht, bricht man das hervorragende Saitenendchen ab oder biegt es zurück und beendet die Umwickelung auf dem blanken Wirbel, worauf man
diesen in die Einsatzöffnung bringt und ihn zugleich mit
dem Stimmhammer bis auf gleiche Tiefe mit den übrigen
fest niederklopft, während die Saite mit der linken Hand
gelinde angezogen wird, um ein Auf-
rollen des Gewindes zu verhindern.
Sobald der Wirbel gehörig steht, dreht
man ihn mittels des Hammers von
der Linken zur Rechten, bis die Saite
genug Spannung hat, das Gewinde
festzuhalten.

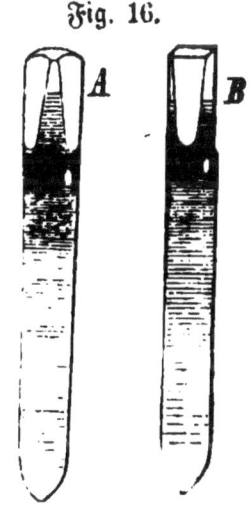

Gegenwärtig sind die Wirbel,
deren Gestalt **Fig. 16** A und B zeigt,
entweder ganz oder, was von vielen
Seiten vorgezogen wird, zum Teil
durchbohrt. Im ersteren Falle steckt
man zum Zwecke des Aufwickelns die
Saite einfach soweit durch die Oeffnung, daß das hervorragende Endchen
ungefähr $\frac{1}{2}$ cm lang ist, biegt es

um, daß es nach abwärts längs des Wirbels zu liegen kommt, und überwickelt es wie oben. Bei solchen Wirbeln wird leicht die nötige Festigkeit des Gewindes erreicht; dasselbe ist aber auch bei den Wirbeln mit nur teilweiser Durchbohrung möglich, wo man die Saite ebensoweit, als die Durchbohrung geht, einsteckt.

Zu bemerken ist noch, daß bei einigen alten Instrumenten, wie sie noch hie und da sich finden, der Saitensteg, — d. i. die vor den Wirbeln hinlaufende Leiste mit den Anlegestiften, durch welche die Länge der Saiten an diesem Ende reguliert wird, — den Wirbeln gegenüber sehr hoch ist, woraus die Notwendigkeit entsteht, die Saiten derart von unten nach oben aufzuwickeln, daß der letzte Drahtring ü b e r den andern zu liegen kommt.

Es ist sehr wichtig, daß das Gewinde nicht einen zu großen Teil des Wirbels bedeckt, weil er sich sonst nicht fest und tief genug einschlagen läßt oder, wenn man ihn forciert, das Gewinde nach oben hin abstreift; auch liegt in solchem Falle die Saite auf, was dem Klange nachteilig ist. Ebensowenig soll das Gewinde dick übereinander liegen, was häßlich aussieht und die Festigkeit der Stimmung durchaus nicht fördert. Beides jedoch wird bedingt durch die Länge des Saitenendes über dem Wirbelloch im Verhältnis zur Stärke des Wirbels selbst, und hierüber belehren am besten die eigenen, bei den ersten Versuchen unvermeidlichen Fehler und eine genaue Beobachtung der andern Gewinde.

Von der Spannung der Saiten.

§ 48. Jede Saite wird durch eine stärkere Spannung höher im Tone, durch Abspannen oder Nachlassen aber tiefer. Dieses Ab- oder Anspannen der Saiten geschieht mittels des Stimmhammers, der, wie die Abbildungen Fig. 6 bis 9 zeigen, an seinem Fußende eine Oeffnung hat, in welche der Wirbelkopf so fest hineinpassen muß, daß man durch die Drehung des Hammers auch den Wirbel mitdreht. Sind nun die Saiten richtig aufgewickelt, so werden sie durch das Umdrehen ihrer Wirbel von links nach rechts straffer gespannt, mithin höher im Tone, von der Rechten zur Linken aber schlaffer, folglich tiefer.

Neu aufgezogene Saiten sind selbstverständlich immer weit schlaffer, als es ihr Ton erfordert, und müssen bis zum Einklang mit dem Chor, — wie man die je zwei oder drei Saiten eines jeden Tones nennt, — hinaufgespannt werden. Alles, was daher nachstehend im allgemeinen über das Stimmen gesagt ist, gilt auch für sie.

§ 49. Ergiebt sich beim Anschlagen einer Taste, daß der Ton unrein ist, so kann dies daher rühren, daß nur eine, oder zwei oder alle drei Saiten des Chors*) sich verstimmt haben. Um sich hierüber zu vergewissern, muß man zuerst die betreffenden Saiten aufsuchen.

Bei neuern Instrumenten pflegen vor den Wirbeln die Buchstaben verzeichnet zu stehen, und zwar mit der üblichen Unterscheidung der Oktaven nach Kontratönen, große, kleine, eingestrichene, zweigestrichene u. s. w., wie das nachstehende Beispiel deutlicher macht.

Benennung der Oktaven.

Subkontratöne.   *Kontra-Oktave.*

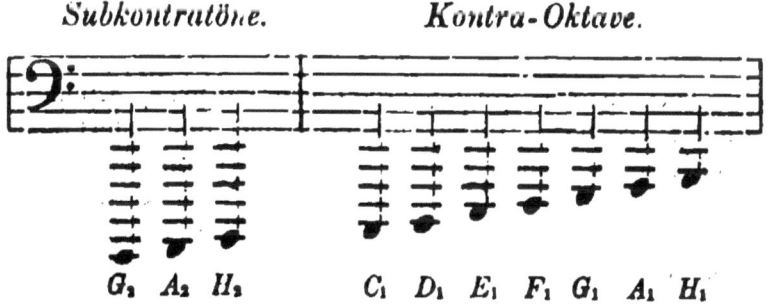

G_2 A_2 H_2 C_1 D_1 E_1 F_1 G_1 A_1 H_1

---

*) Es ist hier, und im folgenden durchweg Bezug auf drei- saitige Instrumente genommen, indem sich die Behandlung der zweisaitigen leichter aus dem gesagten ergiebt, als es umgekehrt der Fall wäre.

Grosse Oktave.   *Kleine Oktave.*

C D E F G A H   c d e f g a h

Eingestrichene Oktave. Zweigestrichene Oktave.

c^1 d^1 e^1 f^1 g^1 a^1 h^1 c^2 d^2 e^2 f^2 g^2 a^2 h^2

Dreigestrichene Oktave. Viergestrichene Oktave.

c^3 d^3 e^3 f^3 g^3 a^3 h^3 c^4 d^4 e^4 f^4 g^4 a^4 h^4 c^5

Hier ist das fragliche Saitenchor sogleich gefunden.
Wo die Buchstaben jedoch nicht verzeichnet sind, achtet man
darauf, gegen welche Saiten der Hammer anschlägt, oder
fährt leicht mit der Kante des Keils über die Saiten hin,
bis man die richtigen trifft. Mittels eines zahnstocherar=
tigen Federkiels oder auch der Ecke des Keils reißt oder
schnellt man nun die einzelnen Saiten des Chors sanft und
langsam nacheinander an, um sich von ihrem gegenseitigen
Verhalten zu überzeugen. Erlangt man hierdurch noch nicht
volle Gewißheit, so steckt man den Keil dämpfend zwischen
die beiden obern Saiten, so daß nur die untere beim An=
schlagen frei ertönt, und prüft nun ihr Verhältnis zur Ok=
tave oder Quinte, die als rein gilt. Ist diese Saite rich=

tig, so vergleicht man die zweite mit ihr, indem man den Keil um eine Saite höher steckt, und endlich auch die dritte mit diesen beiden. Die zuerst richtig befundene Saite dient als Richtschnur für die andere, welche man nur in Einklang mit ihr zu bringen hat. Hierbei wird natürlich die richtige Saite sowohl als die zu stimmende ungedämpft gelassen, damit man sich bei wiederholtem kräftigen Anschlagen der Taste durch ihr Zusammentönen von ihrem gegenseitigen Verhalten überzeugen kann. Sind zwei Saiten im Einklang, so wird auch die dritte frei gelassen. Nur wenn man befürchtet, daß bei freiem Erklingen aller drei die überwiegende Kraft der beiden ersten eine etwaige Unreinheit der letzten dem Ohre entziehen könnte, dämpft man die erste Saite, so daß nur die zweite und dritte zugleich ertönen. Ist jedoch das ganze Saitenchor entweder nach der Stimmgabel oder nach Maßgabe eines andern Tones umzustimmen, so dämpft man zuerst die beiden obern Saiten, stimmt die unterste vollkommen richtig und bringt dann die andere nach obiger Weise mit ihr in Einklang.

§ 50. Es ist eine allgemeine Regel, jederzeit aus der Tiefe nach der Höhe zu stimmen, d. h. die Saiten stets nur durch ein Anspannen, ein Hinaufziehen auf den erforderlichen Punkt der Reinheit zu bringen, niemals aber durch ein Herablassen. Es hat dies einen doppelten Grund, denn einerseits erfaßt das Ohr aufsteigende seine Tonveränderungen weit schärfer und sicherer, als absteigende, und dann bieten nachgelassene Saiten keine Dauer der Stimmung, teils weil sie selbst infolge der vorgegangenen größeren Spannung leicht nachgeben, teils auch, weil die Wirbel durch jede Rückbewegung etwas gelockerter werden. Deshalb läßt man jede Saite, welche gestimmt werden soll, auch wenn sie nur unmerklich zu tief oder gar zu hoch stehen sollte, immer erst um einen vollen halben Ton unter die erforderliche Höhe herab und stimmt sie nun von hier aus äußerst langsam und vorsichtig unter stetem Anschlagen der Taste hinauf. Die Drehung des Hammers muß immer geringer und berechneter werden, je mehr man sich der richtigen Stimmung nähert, damit man sogleich innehalten kann, wenn der rechte Punkt erreicht ist: denn treibt man die Saite zu hoch, so muß man die ganze Operation von neuem beginnen und hat überdies die Saite geschwächt.

Es ist dabei nötig, die betreffende Taste mit der linken Hand, während die rechte den Hammer führt, stets recht kräftig und wiederholt anzuschlagen, denn obwohl das Ohr dessen nicht bedarf, so ist es doch um so wichtiger, daß die Saite gleich während des Stimmens, und noch ehe sie verlassen wird, diejenige Ausdehnung gewinnt, welche sonst der starke Schlag des Hammers nachträglich bewirken würde.

§ 51. Neu aufgezogene Saiten zieht man ohne Absatz und Pause sogleich bis in die Entfernung eines halben Tones von der richtigen Stimmung hinauf. Sofern die Saite nur rein, ohne Rostflecke und Bruch, von der richtigen Nummer ist und Schlinge wie Gewinde gut gemacht sind, hat man hierbei kein Zerspringen zu befürchten, denn eine Saite, welche diese Spannung nicht leicht aushält, würde die stärkere bis zur vollen Reinheit noch weniger ertragen.

Da neue Saiten bei kräftigem Anschlagen des Hammers besonders stark nachgeben, thut man wohl, sie, ehe sie noch ganz im Einklange stehen, mit einem Stückchen weichen Leders gelinde zu reiben, was den doppelten Zweck erfüllt, sie abzutrocknen und auszudehnen.

§ 52. Die übersponnenen Saiten erfordern eine besonders sorgfältige und schonende Behandlung, denn treibt man sie zu hoch und läßt sie verschiedene Male nacheinander wieder nach, so läuft man Gefahr, das Gespinst zu zerreißen. Hat man sie dennoch einmal zu hoch gespannt, so drückt oder reibt man sie, um sie auszudehnen und herabzubringen, worauf man sie durch vorsichtiges Anziehen auf den richtigen Punkt hinauftreibt.

§ 53. Bei Instrumenten, die lange nicht gestimmt wurden, sind die Saiten zuweilen auf den Wirbeln oder zwischen den Stiften des Steges angerostet. Jede Anspannung würde sie in solchem Falle zerreißen, wenn sie nicht zuerst nachgelassen und vorsichtig von den Stiften abgelöst worden sind *).

Allgemeine Regeln und Vorschriften.

§ 54. Das erste Erfordernis eines Stimmers ist ein sicheres, scharfes, gesundes Gehör. Wer den einen Ton nicht von dem andern, den reinen nicht von dem unreinen zu unterscheiden vermag, der wird begreiflicherweise auch niemals imstande sein, ein Instrument richtig zu stimmen. Das zu dieser Kunst so unerläßliche reine musikalische Gehör ist aber keineswegs eine so unbedingt allgemeine menschliche Eigenschaft, wie man wohl anzunehmen pflegt, und mit dem bloßen, gewöhnlichen Hören noch ebensowenig gegeben, als die Fähigkeit der richtigen und genauen Farbenunterscheidung mit dem Sehen. In beiden Fällen kann ein Mensch sehr leicht durchs ganze Leben wandeln, ohne sich der Mängel seines Sinnesorganes bewußt zu werden, und wie es tüchtige Zeichner giebt, die Grün von Roth nicht unterscheiden können, so giebt es auch geschickte Klavierspieler, die erst nach Jahren ganz zufällig einmal darauf aufmerksam werden, daß sie die Töne anders hören, als die übrigen Menschen, oder unfähig sind, feinere Unterschiede der Höhe oder des Klanges zu erfassen. Das Instrument mit seinen fertigen Tönen bot ihnen keine Gelegenheit, sich über die Verschiedenheit des Eindruckes, den diese auf sie selbst und auf andere machen, zu belehren, und sie mußten annehmen, daß jedermann die Töne eben ganz so höre, wie sie. Wer dagegen Singen oder ein Instrument erlernte, auf dem er die Töne nach dem Gehör selbst erst bilden muß, der konnte freilich nicht lange im Zweifel über die etwaigen Gebrechen seines Ohres bleiben. Es muß daher jeder, der das Klavierstimmen erlernen will und nicht bereits von der Richtigkeit seines Gehörs vollkommen über-

---

*) Weiteres in: Blüthner und Gretschel, Lehrbuch des Pianofortebaues, S. 140, 185 und 206.

zeugt ist, sich über diesen Punkt Gewißheit zu verschaffen suchen, was am einfachsten auf folgende Weise zu machen ist.

Man drehe mittels des Stimmhammers den Wirbel einer Saite der Mittellage langsam ganz wenig von der Rechten zur Linken, d. h. man lasse die Saite etwas herunter und versuche, ob man nun beim Anschlagen der Taste die hierdurch entstandene Unreinheit des Tones und beim Pizzikato=Anreißen der nachgelassenen Saite, sowie der andern desselben Tones, den Unterschied zwischen ihnen deutlich vernimmt. Sollte man trotz aller Aufmerksamkeit dennoch die offenbar stattfindende Abweichung nicht mit Sicherheit unterscheiden können, so mag man alle ferneren Bemühungen nur sogleich aufgeben, denn es fehlt hier die erste unerläßliche Vorbedingung zum Stimmen: ein richtig organisiertes Gehörorgan. Besteht man jedoch diese erste allgemeine Probe, so wird man wohl thun, sie noch etwas fortzusetzen, um das Gehörvermögen genauer zu untersuchen. Man läßt nun die Saite soweit herab, daß ein recht auffälliger, greller Mißton beim Anschlagen entsteht, und zieht sie dann langsam in kleinen Absätzen hinauf, die andern Saiten einstweilen dämpfend. Mit jedem der kleinen Absätze schlägt man die Taste an und lauscht, ob man die Veränderung deutlich wahrnimmt; man macht die Absätze größer und kleiner, immer aufmerkend, ob der Eindruck, den das Ohr empfängt, der Bewegung der Hand entspricht, denn diese bildet den Probierstein. Hat man so die Saite bis in die Nähe des Tones wieder hinaufgebracht, so läßt man auch die zweite Saite frei und dämpft nur die dritte. Nun spannt man unter stetem sanftem Anschlagen die erste äußerst langsam weiter, bis der Mißklang allmählich schwindet und statt seiner die Schwebung, jene eigentümliche, zitternde, pulsierende Bewegung, zwischen den beiden Saiten eintritt. Es bedarf für ein noch ungeübtes, wenn auch ganz gesun des Ohr der ungeteiltesten Aufmerksamkeit, um diese Erscheinung wahrzunehmen, die, je näher die beiden Saiten dem reinen Einklange rücken, um so schwächer und verschwimmender wird, bis sie endlich der hellen, klaren Ueber einstimmung weicht. Vermag man nun die hier geschilderten feinen Unterschiede des Tones, wenn auch nur annähernd, zu erfassen, so kann man über sein Gehör beruhigt sein, denn, wie jede andere menschliche Fähigkeit, gewinnt es durch Uebung und Ausbildung an Schärfe, Sicherheit und Feinheit.

§ 55. Es ist jedem Anfänger zu raten, seine ersten Vorübungen, namentlich aber die rein mechanischen, an irgend einem alten, wertlosen Instrumente vorzunehmen, und erst, wenn er einige Sicherheit erlangt hat, sich an ein besseres zu wagen, wo eine ungeschickte Behandlung leicht großen Schaden anrichten könnte. Auf jedem alten Klavier kann er sich nicht nur in den Manipulationen des Stimmens, in der langsamen, sichern Führung des Stimmhammers, in der genauen Unterscheidung der Tonveränderungen, im Aufziehen neuer Saiten üben, sondern auch im Auseinandernehmen, Reinigen und Zusammensetzen der Mechanik, sowie im Reparieren aller Teile desselben, die ein Stimmer instand zu setzen verstehen muß und worüber das Nähere späterhin besprochen wird. Er hat hierbei nicht nötig, die betreffenden Teile etwa absichtlich zu zerbrechen, um sie wieder zusammenzusetzen, denn diejenige Aufgabe, zu deren richtigen Lösung es dieser Vorübung am meisten bedarf, besteht gewöhnlich darin, einzelne verdorbene Teile der Mechanik und seiner Bekleidung oder Fütterung durch neue, selbstgefertigte zu ersetzen, und in der richtigen, genauen Anfertigung derselben kann man sich nach ganzen, unverdorbenen Mustern noch besser üben, als nach zerbrochenen.

§ 56. Eine der wichtigsten Bedingungen bei den Stimmübungen, sowie beim Stimmen überhaupt, ist die möglichst größte Ruhe und Stille. Wenn es irgend die Umstände erlauben, sollte man daher seine Uebungen bei der Nacht vornehmen, wo der Lärm des Tages verklungen ist, und überhaupt sogleich aufhören, wenn irgend ein Geräusch die Aufmerksamkeit zu stören droht. Indes gewöhne sich der Stimmer nach und nach daran, sein Geschäft, namentlich in Privathäusern, so auszuüben, daß ihn ein Geräusch, welches durchaus nicht zu beseitigen ist, wie z. B. das Singen eines Vogels vor dem Fenster des Nachbarhauses, Musicieren in der Nähe u. dergl. nicht mehr stört.

§ 57. Das Gehörorgan verlangt eine ebenso schonende und sorgsame Behandlung als fleißige Uebung, um die zum Stimmen erforderliche Feinheit und Sicherheit zu erlangen. Man hüte sich also, das Ohr, namentlich im Anfange, übermäßig anzustrengen, und unterbreche die Uebungen, sobald man fühlt, daß die genaue Unterscheidung der Tonabstände schwerer fällt, als vorher. Uebrigens muß man auch nicht vergessen, daß keinesweges jede Stunde einer derartigen Beschäftigung gleich günstig ist: Unwohlsein, üble Laune, ja eine bloße Zerstreutheit und öfter noch ganz unbekannte Ursachen können in solcher Weise auf unser Gehör wirken, daß es ganz unfähig wird, die Verhältnisse der Töne richtig zu beurteilen. Man lasse sich daher nicht von ungemessenem Eifer hinreißen, sondern arbeite mit gehörigen Ruhepausen und wähle die günstige Zeit.

§ 58. Die Uebungen des Stimmens beginnen damit, eine nachgelassene Saite mit den andern des Chors in reinen Einklang zu setzen, wozu man, wie durchaus bei allen Uebungen, Töne der Mittellage nimmt und mit verschiedenen abwechselt. Hat man hierin volle Sicherheit erlangt, so läßt man das ganze Saitenchor des eingestrichenen a herunter und stimmt diesen Ton, mit der untersten Saite beginnend, in reinen Einklang mit der Stimmgabel. Hierauf übt man sich in reinen Oktaven, und erst, wenn diese vollkommen gelingen, wagt man sich an das weit schwierigere Intervall der Quinte.

Wessen Ohr mit den Verhältnissen der Intervalle noch nicht so weit vertraut ist, daß er ohne äußeren Anhalt die Quinte rein nach dem Grundton*) stimmen könnte, der kann sich auf folgende Weise helfen:

---

*) Da es sich bei den ersten Uebungen nur darum handelt, die Quinten rein zu stimmen, nicht aber sie zu temperieren, so thut man wohl, den obern Ton nach Maßgabe des tiefern, also des wirklichen Grundtones, einzustimmen.

Man wähle in der kleinen Oktave irgend einen beliebigen rein gestimmten Ton, nachdem man die zuvor nachgelassene Quinte einstimmen will. Nun dämpft man mittels des Keils die beiden obern Saiten des Grundtons, schlägt die Taste etwas kräftig an und lauscht sorgfältig auf das Erklingen der doppelten Quinte, d. h. der Oktave der Quinte, die hörbar wird, sobald die Kraft des Haupttons der Saite etwas abnimmt. Nach einigen wiederholten Versuchen wird man diesen allerdings etwas zarten Oberton schon vernehmen. Sollte es dennoch nicht gelingen, so streift man leicht unter öfterem sanfte Anschlagen mit dem Finger bis auf den dritten Teil der Länge der Saite, wo dann diese doppelte Quinte ganz deutlich ertönt. Die mehr oder mindere Reinheit ihres Klanges belehrt schon, ob man die rechte Stelle getroffen hat, wo es, bei recht zartem Anschlag, durchaus keines Druckes auf die Saite bedarf; der leicht auf ihr ruhende Finger unterbricht hinreichend die Schwingungen, um jenen Nebenton erkenntlich hervortreten zu lassen. Hierdurch kann man sowohl sein Ohr zur Auffassung der reinen Quinte üben, als auch diese gleich nach dem so gebotenen Anhalt einstimmen. Erst wenn man eine große Sicherheit und Fertigkeit im Stimmen der reinen Quinten erworben hat, wage man sich an das Temperieren derselben, worüber § 35 und 36 das nötige gesagt worden ist.

Sollte jedoch das sonst gesunde Gehör der musikalischen Bildung so sehr ermangeln, daß auf dem genannten Wege zu keinem befriedigenden Resultate zu gelangen ist, so giebt es noch ein Hilfsmittel, nämlich den Gebrauch des Monochordes.

§ 59. Das Monochord ist, wie es sein Name besagt, ein Instrument, welches ursprünglich mit einer Saite bezogen und dazu bestimmt ist, die Grundgesetze der Schwingungen gespannter Saiten anschaulich zu machen. Es besteht aus einem ungefähr 1 m langen, 25 cm breiten und 5 bis 8 cm hohen Kasten von Tannenholz (Fig. 17, a), in dessen Seitenwände Schallöcher eingeschnitten sind. Von den beiden höhern und dickeren Wänden an den Enden trägt

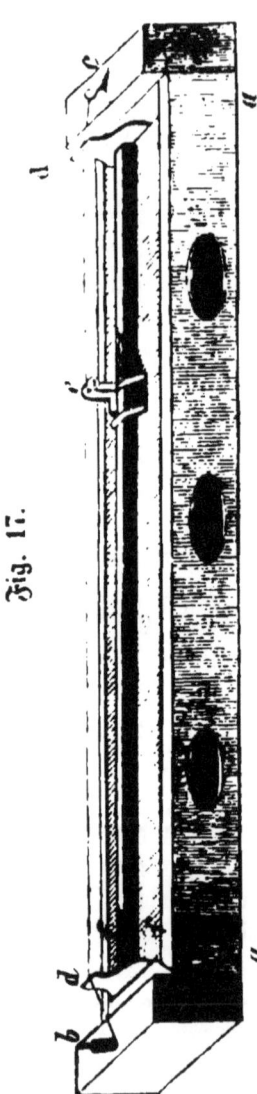

Fig. 17.

die eine einen Schlingenhaken oder Stift c, in dem die Saite hängt, und die andere einen Wirbel b, um den sie gewickelt ist. Vor dem Wirbel, wie vor dem Schlingenstift, befinden sich Stege d, d, über welche die Saite läuft und die ihre frei vibrierende Länge bestimmen. Unter der Saite läuft auf dem dünnen Resonanzboden eine Leiste hin, die einen beweglichen Steg e trägt, zwischen dessen Backen die Saite ebensowohl frei schweben, als mittels einer Schraube an jeder beliebigen Stelle festgehalten werden kann. Statt dessen kann man auch einen einfachen verschiebbaren Steg anwenden. Zu beiden Seiten der Leiste befindet sich eine in Centimeter oder sonst eingeteilte Skala, f, f.

Stimmt man nun die Saite nach der Stimmgabel, so kann man sie mittels des beweglichen Steges beliebig verkürzen und alle Töne auf ihr erlangen, je nachdem man den Steg auf den in der Tabelle S. 82 angegebenen Punkt stellt und die Vibrationen der Saite, die einfach mit dem Finger gerissen wird, durch die Schraube unterbricht. Zur bequemeren Vergleichung bringt man zweckmäßig noch eine zweite Saite an, welche fortwährend den Grundton angiebt, während die andere beliebig verkürzt wird.

Es soll hiermit weniger eine Beschreibung derjenigen Monochorde geboten werden, die man bei den Instrumentenmachern findet und die zuweilen in ihrer Form etwas abweichen, als vielmehr nur denjenigen ein Anhalt gegeben, die etwa wünschen sollten, dies einfache Instrument sich selbst zu verfertigen, was unter Beihilfe eines Tischlers keine große Schwierigkeit hat und zu welchem Ende wir noch einiges hinzufügen wollen.

§ 60. Der wichtigste Teil des Monochords sind die Intervallentafeln, f, f, die äußerst genau berechnet und eingeteilt sein müssen, wenn sie nicht falsche Tonverhältnisse geben und das Ohr irre leiten sollen. Um diese Aufgabe möglichst zu vereinfachen, lasse man sich daher den Kasten so anfertigen, daß zwischen den beiden·Stegen, welche die Länge der vibrierenden Saite bestimmen, eine Entfernung von genau einem Meter liegt. Dieses Meter teilt man nun auf den beiden Tabellen in Decimeter, Centimeter und Millimeter, d. h. in 10, 100 und 1000 Teile. Hierauf wird zuerst auf beiden Tabellen der Mittelpunkt, d. h., 5 dm nach jeder Saite hin, mit Oktave bezeichnet, hierauf der. 25 cm nach der Schlinge zu entfernte Punkt, also ein Viertelmeter, abermals mit 2te Oktave, und, wenn man will, die halbe Entfernung zwischen diesem Punkt und dem Schlingensteg, also 12½ cm oder 125 mm abermals mit 3te Oktave. Es ist hierbei ganz gleichgültig, an welchem Ende man anfängt, man kann ebensogut die Verkürzung nach dem Wirbel hin nehmen.

Läßt man nun die ganze Saite frei vibrieren, so giebt sie den Grundton. Stellt man den Steg auf die Mitte und schraubt die Saite fest, so giebt jede Hälfte die Oktave; schiebt man den Steg weiter auf den nächsten, mit „2te Oktave" bezeichneten Punkt, so giebt das nur ein Viertel lange Seitenstück die doppelte Oktave, und das drei Viertel lange Stück die reine Quarte, und ebenso giebt die auf ein Achtel verkürzte Saite die dritte Oktave.

Die Oktaven gelten gleichmäßig für beide Tabellen; da aber die eine für die reinen diatonischen Intervalle, die andere dagegen für die gleichmäßig temperierte chromatische Tonleiter bestimmt ist, so weichen sie in allen andern Tönen voneinander ab, und es folgt hier die Berechnung beider Tafeln durch die zwei ersten Oktaven nach Millimetern. Eine weitere Teilung ist un-

thunlich, weil bereits in der zweiten Oktave die Verhältniſſe der Intervalle etwas an Genauigkeit verloren haben,
welcher Uebelſtand ſich in der dritten noch ſehr verſtärken
müßte. Die volle Richtigkeit würde oft ſo feine Maßbe-
ſtimmungen fordern, daß die Punkte dem freien Auge nicht
mehr ſichtbar wären. Es kann, nach Millimetern bemeſſen,
ſelbſt in der erſten Oktave keine genaue mathematiſche Richtigkeit, ſondern eben nur eine befriedigende Annäherung an
dieſelbe erzielt werden.

Saitenlänge für die verſchiedenen Intervalle.

Länge der ganzen Saite: 1000 mm.

Reine diatoniſche Intervalle.		Temperierte chromatiſche Ton-leiter.	
Grundton . . .	1000	1000	Grundton.
		944	Kleine Sekunde.
Sekunde . . .	888	891	Große Sekunde.
Kleine Terz . .	933	841	Kleine Terz.
Große Terz . .	800	793	Große Terz.
Quarte	750	749	Quarte.
		707	Falſche Quinte.
Quinte	666	667	Quinte.
Kleine Sexte . .	625	629	Kleine Sexte.
Große Sexte.	600	595	Große Sexte.
Kleine Septime .	555	561	Kleine Septime.
Große Septime .	533	529	Große Septime.
Oktave . . .	500	500	Oktave.
		472	Kleine Sekunde.
Sekunde . . .	444	445	Große Sekunde.
Kleine Terz . .	416	420	Kleine Terz.
Große Terz . .	400	395	Große Terz.
Quarte	375	374	Quarte.
		353	Falſche Quinte.
Quinte . . .	333	334	Quinte.

Reine diatonische Intervalle.		Temperierte chromatische Tonleiter.	
Kleine Sexte . .	312	314	Kleine Sexte.
Große Sexte . .	300	297	Große Sexte.
Kleine Septime .	277	281	Kleine Septime.
Große Septime .	262	264	Große Septime.
2te Oktave . .	250	250	2te Oktave.

Man erfieht hieraus, wie äußerft gering der Unterschied zwischen den reinen Intervallen und den temperierten ift, und welch fein gebildetes Ohr fowohl, als welche fichere Hand zu ihrer Darftellung erfordert wird. In der That ift hier der Unterschied zwischen den reinen und temperierten Quinten bereits zu groß angegeben, denn da er, wie wir fehen, auf jede Quinte nur $^1/_{12}$ Komma oder $^1/_{108}$ eines ganzen Tones, — der Entfernung zwischen Quarte und Quinte, — beträgt, und diese Entfernung der reinen Intervalle nach vorftehender Tafel nur 84 mm in der erften Oktave ausmacht, fo dürfte die vollkommen richtig temperierte Quinte nur um $^2/_3$ eines Millimeters kleiner fein, als die reine, und in der zweiten Oktave nur um $^1/_3$ kleiner. So unbedeutend diefer Unterschied überhaupt zu fein scheint, fo kann man sich doch gerade an diefem Inftrumente recht deutlich von der großen Wichtigkeit der Temperatur überzeugen, denn wenn man vom Grundton durch zwölf ganz reine Quinten fortschritte, fo würde die letzte Quinte, nominell mit dem Grundton identisch, ftatt feiner 1000 mm nur 987$^5/_9$ lang fein, was eine fehr merkliche Differenz im Ton ergiebt.

Ganz ausnehmende Sorgfalt ift dem beweglichen Steg zu widmen. Die Schraube, welche die Saite festhalten foll, muß fehr fein, und der Punkt, wo fie diefelbe trifft, zu beiden Seiten am Fuße des Steges bezeichnet fein, damit diefer genau auf den Grad des Intervalls geftellt werden kann. Wie schon erwähnt, kann man ftatt diefes Steges

Fig. 18.

auch einen einfacheren, wie **Fig.** 18 (in größerem Maßstabe) darstellt, anwenden, bei welchem auch die unter der Saite liegende Leiste entbehrlich ist.

Mit Hilfe eines solchen Instruments kann der Ungeübte sein Ohr bald an die Verhältnisse der reinen und temperierten Intervalle gewöhnen. Weil der Ton um so höher, je dünner bei gleicher Länge und Spannung die Saite ist, und das Verhältnis der Töne am faßbarsten in der Mittellage heraustritt, so thut man wohl, eine der Saiten zu nehmen, wie sie die Klaviere in den höhern Tönen der kleinen und den ersteren der eingestrichenen Oktave haben, und durch Stimmen derselben den Grundton öfters zu wechseln.

§ 61. Es ist bereits darauf aufmerksam gemacht worden, daß man zur Feststellung der Stimmung die Tasten etwas kräftig anschlagen muß. Geben jedoch hierbei die Saiten allzu merklich und andauernd nach, so hat dies seinen Grund nicht mehr in der natürlichen Dehnung derselben, sondern in zu lockerem Gewinde, in falschem Aufwickeln, in zu schwachen Wirbeln oder sonstigen äußeren Ursachen. In den beiden ersten Fällen muß die Saite neu aufgezogen werden; liegt die Schuld an den Wirbeln, so klopft man sie recht sorgfältig nieder. Wäre jedoch der Kasten zu schwach, so daß er den Zug der Saiten nicht aushalten kann und nachgiebt, dann freilich ist alle Mühe vergeblich.

§ 62. Man drehe die Wirbel jederzeit langsam und gleichmäßig um und hüte sich, sie vor-, rück- oder seitwärts zu drücken, denn geschieht dies, so giebt der Wirbel nach oder zieht sich in seine vorige Stellung zurück; und die Saite ist von neuem verstimmt. Auch erweitert man durch solches Biegen die Löcher so, daß die Wirbel nicht mehr feststehen.

§ 63. Niemals stimme man mit Handschuhen, in der Meinung, die Saiten vor Rost zu bewahren. Jede Bedeckung der Hand stört die Feinheit des Gefühls, die nötig ist, den Wirbel oft um äußerst kleine Teilchen zu verrücken, wenn die gehörige Reinheit erlangt werden soll. Befürchtet man, daß die Saiten durch die Berührung der Finger feucht geworden sein könnten, so reibe man sie mit weichem Leder ab.

§ 64. Die Hand liege immer fest und horizontal auf dem Stimmhammer, damit sie jede leise Bewegung des Wirbels fühlen und durch gleichmäßigen Druck sein Lockerwerden verhindern könne.

§ 65. Alle lärmenden Operationen, das Einklopfen der Wirbel u. s. w. nehme man vor, ehe man mit dem Stimmen beginnt, damit das Ohr nicht während dieser Arbeit, die seine gespannteste Aufmerksamkeit und feinste Empfindlichkeit in Anspruch nimmt, durch betäubenden Lärm ermüdet und abgestumpft werde. Nur wenn während des Stimmens eine Saite reißt, muß man eine Pause machen und sie sogleich wieder aufziehen, denn wenn das Chor eines Tones nicht vollständig ist, haben die vorhandenen Saiten einen zu starken Druck des Hammers auszuhalten, und dieser selbst wird schief und giebt zuletzt nur falsche, unreine Töne.

Der Stimmer befleißige sich bei Ausübung seines Geschäfts der größten Gewissenhaftigkeit im Reinstimmen und in der sonstigen Behandlung des Instruments, und er wird gar bald den besten Erfolg für sich haben. Ein guter Stimmer ist stets gesucht, auch wenn er, wie er doch nicht anders kann, auf höhere Preise hält als andere.

Die Ausbesserung und Wiederherstellung des Instrumentes.

§ 66. Wenn ein Instrument an einem der inneren Teile schadhaft geworden ist, so muß es zuerst auseinander genommen werden. Da die Weise, dies zu bewerkstelligen, durch die eigentümliche Konstruktion des betreffenden Kla-

viers bedingt ist und je nach den verschiedenen Methoden sehr
verschieden sein kann, so lassen sich hierüber nur allgemeine
Vorsichtsmaßregeln geben, und jeder muß sich dann selbst
durch genaue Untersuchung seines Instrumentes über das
nötige Verfahren belehren.

§ 67. Man hebt zuerst den Deckel auf, stützt ihn
und nimmt den falschen Resonanzboden ab. Bei Instrumenten älterer Konstruktion, wo die Dämpfung über den
Saiten liegt, muß diese abgehoben werden, ehe man die
Klaviatur herauszieht; bei neuern Instrumenten dagegen
bildet die Dämpfung mit dem Hammerwerk ein Ganzes,
das auf demselben Gestell befestigt ist, welches die Tasten
trägt; wovon jedoch die aufrechten Klaviere wieder abweichen. Die Art, wie die Klaviatur an ihrem Platze festgehalten wird, ist sehr verschieden. Man war früher sehr
ängstlich und glaubte zuweilen, das friedsame Holzgerüste
durch nicht weniger als sechs starke Eisenschrauben anketten
zu müssen, die teils von unten durch den Kasten hinauf-
gingen, teils auch wieder mit dem Kopf sich unter die Tasten
bargen. Später faßte man mehr Vertrauen und ließ es
bei zwei Schrauben bewenden, bis man endlich bei neueren
Instrumenten auch diese Vorsichtsmaßregel aufgab und die
Klaviatur so einrichtete, daß sie sich mit der Leichtigkeit einer Schublade herausziehen läßt. Da es jedoch keineswegs
gleichgültig ist, wo die Hämmer die Saiten treffen, und bei
der starken Erschütterung des Spieles die Klaviatur sich
doch verschieben könnte, so mußte immer eine Vorrichtung
gefunden werden, sie an ihrer Stelle festzuhalten, und das
geschieht jetzt entweder mittels kleiner Riegel, die von der,
vor den Tasten sich hinziehenden Leiste auf beiden Seiten in
den Kasten geschoben werden, oder auch durch dieses Brett
selbst, das beweglich ist und in Einschnitten steckt, die zu
beiden Seiten in den Kasten gemacht sind. Man faßt es
in der Mitte und zieht es an sich, vermöge seiner Elasticität
biegt es sich und springt heraus. Bei manchen Instrumenten muß man nach Entfernung dieses Brettes noch ein kleines, keilartiges Gestell herausziehen, das unter der Klavia-

tur steckt und diese hebt. Bei aufrechten Instrumenten ist
auch gegenwärtig noch die Mechanik festgeschraubt.

§ 68. Ehe man nun die Klaviatur selbst heraus-
nimmt, überzeuge man sich wohl, ob kein Hammer in die
Höhe steht, der sonst zerbrechen würde. Ist dies der Fall,
so drückt man ihn mittels irgend eines schmalen Gegenstandes, der sich leicht zwischen die Saiten durchstecken läßt, hin-
unter. Beim Herausnehmen, wie beim Hineinstecken fasse
man aus demselben Grunde die Klaviatur vorsichtig an beiden Seiten, um nicht durch die Berührung einer Taste einen
Hammer zu heben. Ueberhaupt halte man sogleich inne,
wenn man irgend einen Widerstand bemerkt, und untersuche
zuerst die Ursache desselben, ehe man weiter geht, denn alle
Teile der Mechanik sind äußerst zart und leicht zerbrechlich.

§ 69. Die herausgenommene Klaviatur stellt man
auf einen Tisch und ermittelt nun die wahrgenommene Beschädigung.

Ueber das Auseinandernehmen der Mechanik selbst läßt
sich bei der großen Verschiedenheit ihres Baues noch weniger eine Vorschrift geben, hier belehrt einzig der Augen-
schein, nur vermeide man jede Störung, die nicht unbedingt
nötig, und beobachte die größte Sorgfalt, alles genau wieder in die richtige Lage zu bringen.

§ 70. Da alle wesentlichen Teile eines Klavieres entweder aus Holz, Metall, Leder oder Filz bestehen, so ord-
nen sich die nötigen Vorschriften zu denjenigen Reparaturen,
welche ein Stimmer oder Liebhaber selbst vornehmen kann,
am einfachsten nach dem Material des Gegenstandes.

Schwere Beschädigungen überlasse man jedoch dem Instrumentenmacher, denn nirgends ist falsche Sparsamkeit und
Pfuscherei schlechter angewendet, als gerade hier, wo durch
Unwissenheit oder Ungeschick so leicht ein gar nicht mehr zu
verbessernder Schaden verursacht werden kann.

Die Reparatur der hölzernen Teile des Klavieres.

§ 71. Mit Ausnahme des Kastens, dessen Beschädigungen nur ein Instrumentenmacher wieder herstellen kann,

laſſen ſich die hölzernen Teile eines Klaviers unter die folgenden Rubriken bringen:

a) Die Saitenſtege.

b) Der Reſonanzboden.

c) Die Hämmer mit den dazu gehörigen Teilen.

d) Die Auslöſung oder das Echappement.

e) Die Dämpfung.

f) Die Taſten.

g) Das Geſtell der Klaviatur.

h) Der Pianozug oder die Verſchiebung.

i) Der Fortezug.

§ 72. a) Die Saitenſtege, bei tafelförmigen Klavieren meiſt nur aus einem Stücke beſtehend, gehen zuweilen an einzelnen Stellen los, in welchem Falle es vergeblich wäre, ſie ohne Hilfe von Schrauben wieder befeſtigen
zu wollen. Man kann, wenn man die nötigen Werkzeuge
hat, dieſe Schrauben von unten durch den Reſonanzboden
einſetzen, ſo daß ſie äußerlich nicht geſehen werden. Einfacher jedoch und leichter iſt es, ſie oben oder ſeitwärts
zwiſchen den Saiten anzubringen. Die Schrauben müſſen
ganz glatt aufſitzen und dürfen die Saiten nicht berühren.
Die Länge und Stärke des losgegangenen Teils des Steges
beſtimmt die Zahl und Größe der nötigen Schrauben.

Sollte infolge irgend eines Zufalls der ganze Steg
abſpringen, ſo muß man das Inſtrument dem Klaviermacher
übergeben, denn von der richtigen Stellung desſelben, die
eine genaue Berechnung erfordert, hängt die ganze Stimmung und die Klangfarbe des Inſtrumentes ab.

§ 73. b) Der Reſonanzboden kann Riſſe oder
Sprünge bekommen und an zuſammengeleimten Stellen auf
gehen, wodurch der Klang leidet und ſcheppernd wird. In
beiden Fällen hüte man ſich vor Anwendung des ſo oft
hierzu empfohlenen Maſtix. Die ganze Wirkſamkeit des
Reſonanzbodens, — von deren Bedeutung man ſich recht
handgreiflich überzeugen kann, wenn man den Ton der frei
in der Luft verklingenden Stimmgabel mit dem vergleicht,
welchen ſie giebt, ſobald man ſie angeſchlagen auf den Reſonanzboden ſtellt, — beruht allein auf der nach allen Seiten

hin ununterbrochenen Fortpflanzung seiner Vibrationen. Diese sind gestört durch den Riß oder Sprung, werden es aber fast noch mehr, wenn man die entstandene Oeffnung mit einem durchaus fremdartigen Körper ausfüllt, indem sich die von der einen Seite her empfangene Bewegung gänzlich verändert, und der somit auch eine ganz verschiedene Art von Vibration der andern Seite mitteilt. Daher sind alle Spalten und Oeffnungen im Resonanzboden sorgfältigst zu verspanen. Man nimmt hierzu recht ausgetrocknetes weiches Tannenholz von möglichst gleicher Beschaffenheit wie das des Resonanzbodens und achtet darauf, daß der einzusetzende Span die Oeffnung ihrer ganzen Länge nach aufs genaueste ausfüllt, worauf man ihn scharf einleimt. Wenn der Leim getrocknet ist, stößt man den vielleicht etwas hervorragenden Einsatz mittels eines scharfen Meißels eben ab.

Ganz kleine Risse, die sich nicht wohl ausspanen lassen, schließt man in folgender Weise: Man kocht 60 — 70 g feinen Leim in $1\,2$ kg Wasser, bis er ganz aufgelöst ist, setzt dann einen Fingerhut voll pulverisierten Alaun und 100 g Roggenmehl hinzu, rührt alles wohl durcheinander, zerreißt einen Bogen Löschpapier in kleine Stücke und thut sie mit einer hinlänglichen Menge recht feiner Sägespäne von Tannenholz in jene Masse, knetet das Ganze zu einem festen Teig und verstreicht damit die Risse, die nach Erhärtung desselben rein abgeputzt werden.

Sollte sich der Resonanzboden in solcher Weise werfen oder bauchig werden, daß der Klang darunter leidet oder die Saiten aufliegen, — was zuweilen in Folge von großer Feuchtigkeit, der das Instrument ausgesetzt ist, vorkommt, — so muß die Hilfe eines geschickten Instrumentenmachers in Anspruch genommen werden.

§ 74. c) Die Hämmer mit ihren Nebenstücken. Nebenstücke des Hammers nennt man die Gabel, Kapsel oder Docke, in der er mit seiner Achse ruht und die bei ältern Instrumenten oft von Metall ist, ferner den Fuß dieser Gabel, und die Nuß am Ende des Hammerstiels, in der die Achse befestigt ist.

Diese drei Stücke zerbrechen nur selten oder nie, und nur die Gabel kann sich verschieben, in welchem Falle man sie ohne Mühe wieder in die Mitte zwischen ihren beiden Nachbarinnen rückt.

§ 75. Anders verhält es sich dagegen mit dem Kopf und dem Stiel des Hammers, zwei äußerst empfindlichen Stücken, die sehr leicht brechen, namentlich wenn die Klaviatur von Unerfahrenen gehandhabt und herausgezogen wird.

Von diesen beiden Teilen des Hammers ist der Stiel am leichtesten zu reparieren, weil er nie glatt abbricht und sich daher mit genauer Beibehaltung seiner Länge, — worauf alles ankommt, — wieder zusammensetzen läßt. Man nimmt dazu etwas dicken Leim und umwickelt den Bruch mit einem starken oder doppelten Faden (**Fig. 19**).

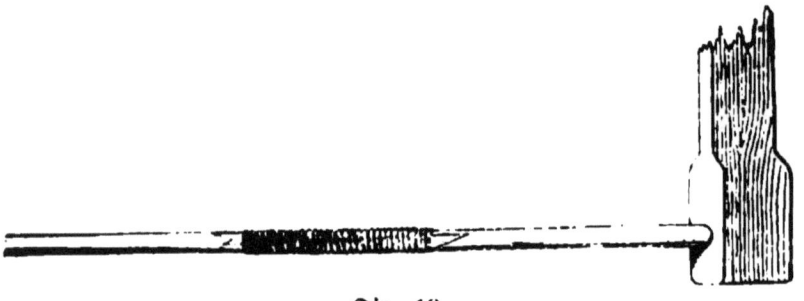

Fig. 19.

Zerbricht der Hammerkopf, so muß durchaus ein neuer gemacht werden, denn ein geflickter würde beim ersten kräftigen Anschlag wieder auseinandergehen. Um die richtige Größe und Form nicht zu verfehlen, leimt man zuerst den gebrochenen Kopf genau wieder zusammen, nach dessen Muster man den neuen anfertigt, denn die Hammerköpfe nehmen von den höhern Tönen abwärts regelmäßig an Stärke zu. Man wählt zu diesem Stücke dasselbe Holz, von dem die andern Hammerköpfe sind, und in Ermangelung dessen Lindenholz. Ueber die Anfertigung selbst bedarf es weiter keiner Vorschriften; es ist dies eine einfache Holzschnitzelei, ohne alle Schwierigkeit, die nur recht treu nach dem Modell ausgeführt sein will. Bei der Einsetzung des Stiels jedoch ist einige Vorsicht nötig, daß dieser durchaus nicht verkürzt oder verlängert werde, und ebenso ist darauf zu achten, daß der Hammer nicht schief sitze, was durch die Richtung des Loches, in welches der Stiel kommt, bedingt wird.

§ 76. d) **Die Auslösung oder das Echappe-ment** zerbricht höchst selten, muß aber in solchem Falle ebenfalls neu gemacht werden, indem eine Reparatur mittels bloßen Leimes der Erschütterung, welcher dieser Teil des Mechanismus beständig ausgesetzt ist, nicht widerstehen könnte. Die treueste Nachahmung der zu ersetzenden Teile nach Material und Gestalt versteht sich von selbst.

§ 77. e) **Die Dämpfung,** welches auch immer ihre Konstruktion sei, erleidet selten eine andere Beschädigung, als daß einzelne Teile losgehen, die man sorgfältig wieder anleimt, nachdem man den alten Leim abgekratzt hat.

§ 78. f) **Die Tasten.** Wenn eine Taste klemmt, sich langsam oder schwer bewegt, so muß man sie herausnehmen und die Ursache aufsuchen. Oft ist nur irgend ein fremder Körper zwischen die Tasten geraten, oder die beiden Zapfenlöcher sind mit Staub und andern Unreinigkeiten angefüllt, wo sich das nötige von selbst ergiebt. Zuweilen ist jedoch das Holz verquollen, dann schabt man die betreffende Stelle mit einem Messer oder einer feinen Feile, bis sich die Taste wieder leicht auf ihrer Achse bewegt. Sollte sich das Holz geworfen oder verbogen haben, so muß man ein recht heißes Eisen daran halten, um die gerade Richtung wieder herzustellen.

Beim Gebrauch des Messers hüte man sich zu **schneiden,** wodurch in der Regel weit mehr abgenommen wird, als nötig ist; man vergesse nicht, daß die Taste ein Hebel ist, dessen richtiges Gleichgewicht nicht ohne dauernden Nachteil gestört werden kann. Ein geringes Schaben oder Feilen, wo solches überhaupt erforderlich scheint, genügt, um die Freiheit der Bewegung wieder herzustellen.

§ 79. g) **Das Gestelle.** Bei schlecht gearbeiteten Instrumenten, die aus neuem, leichtem Holz gefertigt sind, geschieht es zuweilen, daß die Leisten, auf denen die Klaviatur ruht, sich werfen oder auf andere Art in Unordnung geraten, wodurch die richtige Bewegung der Mechanik gehemmt wird. Dergleichen Mängel erfordern durchaus die Hilfe des Klaviermachers, denn die Einrichtung der Klaviatur auf einem neuen oder reparierten Gestell ist eine Aufgabe der Berechnung, nicht aber eine bloß mechanische Operation.

§ 80. h) i) Die Züge geraten nur selten in Unordnung und zerbrechen fast nie. Stockungen der Bewegung haben ihren Grund meistens in Anhäufungen von Staub und sonstigen Unreinigkeiten und werden auf einfache Weise gehoben. Stellen, wo Hölzer einander reiben, wie beim Fortezug und bei der Verschiebung, werden nötigenfalls mit Seife bestrichen.

Die gewöhnlichsten Störungen des Pianozugs finden an der Fütterung oder Belederung, sowie an den Schrauben und sonstigen Metallstücken statt, von denen sogleich das Nötige gesagt wird.

§ 81. Alle ernsteren Beschädigungen im Holzwerke, die etwa vorkommen mögen und hier nicht berührt sind, sollten zur Verhütung größeren Nachteils sogleich einem geschickten Instrumentenmacher übergeben werden.

Die Reparatur der Metallteile eines Klavieres.

§ 82. Die Metallteile eines Klavieres sind:

a) Die Saiten.

b) Die Wirbel.

c) Die verschiedenen Saitenstifte.

d) Die Zapfen oder Stifte der Tasten.

e) Die verschiedenen Drahtfedern der Mechanik.

f) Endlich alle Schrauben, eiserne Spreizstangen u. s. w.

§ 83. a) Ueber die Saiten ist bereits an verschiedenen Orten das nötige gesagt. Sind bei einem Instrumente sehr viele Saiten aufzuziehen, so bedient man sich zur schnelleren Anfertigung der Schlingen eines Schlingen-

drehers. Es ist dies, wie die Abbildung **Fig. 20** zeigt,
ein sehr einfaches Instrument, bestehend aus einem Haspel,
dessen Ende in einen Haken ausläuft. Man hängt die
Schlinge in den Haken, dreht den Haspel fünf bis sechs
Mal herum, und das Gewinde ist fertig. Da auf die
Gleichmäßigkeit der Gewinde nicht allein für das Auge, sondern auch aus andern, schon erwähnten Gründen sehr viel
ankommt, so achte man wohl darauf, daß die umgebogenen
Endstücken der Saite stets von gleicher Länge seien, halte
die Finger immer in derselben Entfernung von dem Haken
und höre zu drehen auf, sobald man die Bewegung des
Gewindes zwischen den Fingern verspürt.

Fig. 20.

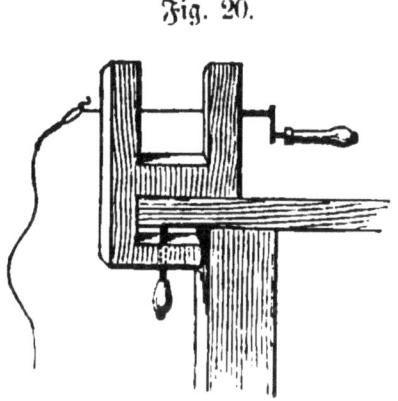

§ 84. b) Die **Wirbel** sind dreierlei Zufällen ausgesetzt: sie sitzen nicht mehr fest, sie springen heraus, oder
endlich sie zerbrechen. Im ersten Falle haben sich die Löcher
erweitert, und man muß an die Stelle der alten Wirbel
neue, von etwas größerem Durchmesser nehmen. Wenn die
Wirbel herausspringen, rollt man sie einigemal in fein ge-
pulvertem Kolophonium. Zerbrochene Wirbel ersetzt man
durch andere von gleicher Stärke.

§ 85. c) Wenn sich die **Saitenstifte,** gleichviel
an welcher Stelle, verbiegen, müssen sie durch neue, von
gleicher Stärke ersetzt werden, denn ein bloßes Zurecht-
biegen würde nicht verhindern, daß sie beim ersten An-

schlagen der Saiten wieder nachgeben. Es versteht sich wohl, daß man bei solchen Reparaturen die betreffenden Saiten zuerst vollständig lockert.

§ 86. d) Die Taſtenzapfen, d. h. diejenigen ſtarken Eiſenſtifte ſowohl, welche auf dem Wagebalken ſtehen und den Taſten als Achſe dienen, als auch diejenigen, welche auf der Vorderleiſte die Taſten in ihrer Richtung zu halten beſtimmt ſind, müſſen ſtets vollkommen gerade ſtehen, da ſonſt die freie, leichte Bewegung der Taſte gehemmt wird. Sollte ſich einer verbogen haben, ſo wird er mittels einer Zange ohne Mühe zurecht gebracht. Da dieſe Zapfen nichts tragen und ziemlich ſtark ſind, ſo iſt es nicht nötig, die verbogenen ſogleich durch neue zu erſetzen. Wird jedoch die Taſte in der Achſe locker, ſo hat ſich das Loch ausgeweitet, und man muß den Stift herausnehmen und einen ſtärkeren an die Stelle ſetzen.

§ 87. e) Die Drahtfedern ſpielen in der Mechanik der neuern Inſtrumente eine wichtige Rolle, und man findet ſie ſowohl an der Dämpfung wie an der Auslöſung. Da ſie ziemlich leicht zerbrechen oder ſonſtwie verderben, thut man wohl, ſie in Vorrat zu halten. Die Nürnberger Meſſingſaiten Nr. 3 und 4 ſind am tauglichſten hierzu, und ihre Anfertigung bietet keinerlei Schwierigkeit. Man dreht die Saite einfach über eine Stecknadel, deren Stärke durch das nachzuahmende Modell beſtimmt wird (Fig. 21).

Fig. 21.

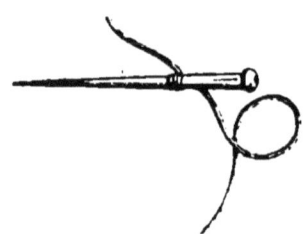

Reparatur der Leder-, Tuch- oder Filzteile eines Klavieres.

§ 88. Es sind dies:
a) Die Bekleidung der Hammerköpfe.
b) Die Dämpfung.
c) Verschiedene Teile der Auslösung.
d) Der an ältern Instrumenten noch vorkommende Pianozug.
e) Und im allgemeinen alle Fütterungen im Innern des Instrumentes.

§ 89. Der Zweck aller dieser Bekleidungen oder Fütterungen ist nur, zu verhindern, daß die mittels der Taste in Bewegung gesetzten Teile der Mechanik durch irgend ein fremdartiges Geräusch die reine Wirkung des Hammerschlages stören. Sobald man also neben den Vibrationen der Saiten noch irgend ein anderes Geräusch vernimmt, kann man auch schließen, daß einer jener Teile in Unordnung geraten ist. Die einfache, allgemein gültige Regel ist, daß man die losgegangene Bekleidung, sofern sie noch brauchbar ist, nach Abschabung des alten Leimes mit gutem, etwas dickem Leim wieder an ihre Stelle befestigt und abgenutzte Fütterungen durch neue von genau demselben Stoff und gleicher Form ersetzt.

§ 90. Nur über die Reparatur abgenutzter Hammerköpfe mögen hier noch einige Worte folgen. Bei Klavieren älterer Konstruktion sind die Hammerköpfe meistens mit ziemlich hartem Leder bedeckt und schlagen sich durch, während die neuere Filzbekleidung, namentlich in der Mittellage, bei stark gebrauchten Instrumenten so festgeklopft wird, daß sich hierdurch der Klang merklich verändert; endlich auch löst sich die Bekleidung zuweilen los. Sieht man sich aus einem oder dem andern Grunde veranlaßt, den Hammer neu zu bekleiden, so beginnt man damit, das Stückchen Leder oder Filz, — je nachdem die Hämmer des Instrumentes bekleidet sind, — mit größter Sauberkeit auf der einen Seite des Kopfes festzuleimen (**Fig. 22**), und eine

Fig. 22.

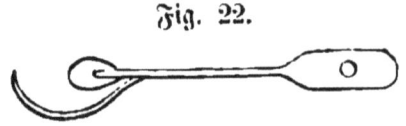

Viertelftunde nachher schlägt man es herum auf die andere Seite und leimt es auch hier an (**Fig. 23**). Nur an den beiden Seiten wird geleimt, nicht auf der Kuppe. Ist der Leim gut getrocknet, so bringt man den Hammer an seinen Platz und schlägt die Taste etwas kräftig an. Zeigt's sich der Ton nicht rein und deutlich, so zieht man mittels eines

Fig. 23.

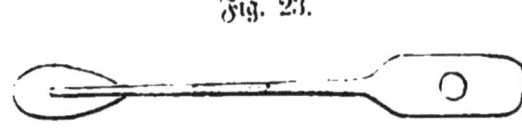

kleinen Hakens den Hammer bis an die Saite und forscht nach welcher Richtung hin er fehlt; denn fast immer liegt der Grund darin, daß der Kamm nicht vollkommen horizontal ist, und daher die eine Saite stärker als die andere getroffen wird. Bei der Korrektur solcher Fehler vermeide man soweit wie möglich den Gebrauch des Messers; wird es jedoch unerläßlich, so operiere man damit nur an den Seiten des Hammerkopfes, niemals aber oben an dem Teile der Bekleidung, welcher die Saiten treffen soll, denn es würde dies den Hammer hart und somit den Ton scharf machen*).

§ 91. Hiermit wären die häufigsten Störungen eines Instrumentes, deren Reparierung ein Stimmer oder Liebhaber sich selbst zutrauen darf, bezeichnet, und es ist schließlich nur noch auf die bringende Notwendigkeit aufmerksam

---

*) Siehe: Blüthner u. Gretschel, Lehrbuch des Pianofortebaues, S. 152 u. f.

zu machen, jede vorkommende Beschädigung ohne Verzug auszubessern; denn weil bei diesem Instrumente so vielfache, oft sehr empfindliche Teile gegenseitig aufeinander wirken, so erzeugt gewöhnlich die an einer Stelle eingetretene Unordnung weitere Störungen, und ein ursprünglich ganz geringfügiger Schaden kann binnen kurzem zu einem sehr weit verbreiteten und bedenklichen anwachsen.

Die Erneuerung eines Klavieres.

§ 92. Ein Mechanismus, der aus so schwachem Material verfertigt und so starker Anstrengung und Erschütterung ausgesetzt ist, wie der eines Klavieres, nutzt sich mit der Zeit ab und bedarf dann, ganz abgesehen von den Reparaturen einzelner vorkommender Beschädigungen, einer totalen Erneuerung aller derjenigen Teile, welche durch fortgesetzten Gebrauch am meisten zu leiden pflegen. Das aber sind begreiflicherweise diejenigen, welche der häufigsten Bewegung, Reibung und Erschütterung unterworfen sind, also die Klaviatur und die Mechanik. Auf diese beiden Teile wollen wir uns denn auch im folgenden beschränken und diejenigen General-Reparaturen besprechen, die man, auch ohne Instrumentenmacher zu sein, bei nur einigem mechanischen Geschick, unterstützt von großer Aufmerksamkeit, selbst vornehmen kann.

§ 93. An den Tasten sind es hauptsächlich die Zapfenlöcher, **Fig.** 24, a, b (von unten gesehen), welche sich abnutzen oder erweitern, infolgedessen die Taste wackelig und der Anschlag unsicher wird.

Nachdem man die Klaviatur herausgenommen hat, hebt man alle Tasten ab und reihet sie der Ordnung nach auf einen Tisch. Hierauf zieht man alle Zapfen des Wagebalkens aus, wobei wohl darauf zu achten ist, daß nicht etwa durch einen Seitendruck die Oeffnung erweitert werde. Diese Stifte werden durch etwas stärkere, nach den Zapfenlöchern der Tasten ausgesuchte, erseßt, so daß die Tasten sich zwar frei, aber ohne zu viel Luft zu haben, auf ihren Achsen bewegen können. Es bedarf wohl kaum der Erinnerung, daß die neuen Zapfen gleichmäßig hoch sein und vor allem vollkommen gerade stehen müssen.

Aus übelverstandener Sparsamkeit glauben manche sich der geringen Ausgabe für die neuen Stifte dadurch entziehen zu können, daß sie die erweiterten Achsenlöcher mit Tuchläppchen u. dergl. ausstopfen, was durchaus nicht anzuraten ist, denn wird auch hierdurch dem Wackeln der Taste vorgebeugt, so geschieht dies doch nur auf Kosten ihrer freien Bewegung und des gleichen präcisen Anschlags. Es ist eine der ersten Bedingungen, daß die Achsenlöcher durchaus rein und glatt seien.

Nachdem die neuen Zapfen sauber eingeschlagen sind, nimmt man den, unter den Tasten auf der Vorderleiste hinlaufenden Tuchstreifen weg, kratzt mit einem Messer den alten Leim von der Leiste und leimt dann recht gleichmäßig und glattgezogen, einen ähnlichen Streifen von etwas dickerem Tuch an die Stelle.

Endlich noch füttert man die vorderen Zapfenlöcher der Tasten, **Fig.** 24 a, mit dem gehörigen Stoff — zuweilen weiches Leder, zuweilen auch Tuch — neu aus und sorgt dafür, daß die neue Fütterung ein wenig stärker als die alte sei, so daß die Tasten weder zu locker sißen, noch auch geklemmt werden. Nachdem alles wohl getrocknet ist, bringt man die Tasten der Ordnung nach wieder auf das

Gestell und untersucht mittels eines geraden Lineals, das man über sie legt, ob sie alle gleichmäßig hoch stehen. Wären einige zu erhöhen, so nimmt man sie ab und reihet soviel kleine Papierscheibchen auf die betreffenden Achsen- zapfen, als nötig ist, sie in gleiche Linie mit den andern zu bringen.

§ 94. Eine weit schwierigere Aufgabe ist die Erneue- rung der Mechanik. Um sich die Arbeit nicht durch leicht entstehende Verwirrung noch zu vermehren, ist es rätlich, alle einzelnen Stücke, wie man sie von dem Gestelle nimmt, genau zu numeriren und das Zusammengehörige immer nebeneinander zu legen. Nachdem man die ganze Mechanik auseinander genommen und der Ordnung gemäß auf einen Tisch gebreitet hat, nimmt man die verschiedenen Arbeiten der Reihe nach vor und befolgt dabei eine gewisse fabrik- mäßige Ordnung, indem man stets die eine Art von Arbeit bei allen betreffenden Stücken vornimmt und beendet, ehe man an die nächste geht, wodurch eine weit größere Gleich- mäßigkeit erzielt wird, als wenn man jedes einzelne Stück für sich allein zuerst völlig instandsetzen wollte, um dann erst mit dem andern anzufangen.

In der Regel beschränkt sich die Aufgabe auf eine Er- neuerung der abgenutzten Achsen und eine neue Bekleidung der Hammerköpfe, denn die übrigen Teile der Mechanik sind mehr nur einzelnen Störungen, als einer völligen Abnutzung ausgesetzt.

§ 95. Die erste Arbeit ist nicht schwierig. Nachdem man mittels einer Zange die alten Achsen herausgenommen hat, steckt man an ihre Stelle einen etwas stärkeren Draht von gutem Metall, kneipt ihn in gehöriger Länge ab und feilt die beiden Enden glatt. Sitzt der Hammer, wie bei den älteren Instrumenten, in einer Blechkapsel, so muß die Achse an beiden Enden etwas zugespitzt werden; ist aber, wie in den neuern Mechaniken, das Lager der Achse mit irgend einem Stoff ausgefüttert, so muß man die Achsen- enden wohl abrunden und glätten.

§ 96. Die Bekleidung der Hämmer ist eine Arbeit, welche die größte Sorgfalt erfordert, denn wenn sie miß-

7*

lingt, ist es so gut, als hätte man gar nichts gemacht, und die ganze Arbeit muß von neuem begonnen werden.

Die Hämmer der ältern Klaviere sind, wie schon mehrfach erwähnt, mit Leder, die der neuern mit Filz überzogen. Dieser Bekleidung der Hammerköpfe entspricht auch die Mechanik, sowie die Besaitung der verschiedenen Instrumente. Die frühere Mechanik war schwach und erforderte daher den etwas harten Lederbezug des Hammers, um einen hellen, möglichst starken Ton hervorbringen zu können, während der so kräftige Anschlag der neuen Mechaniken auch mit der weichen Filzbekleidung einen weit stärkeren und volleren Ton erzielt, zugleich aber in ihr die Möglichkeit einer Zartheit und Weiche des Klanges findet, wie sie die älteren Instrumente nicht kennen. Es ist daher niemals wohlgethan, die Art der Hämmerbekleidung eines Instrumentes zu verändern, z. B. ein bisher mit Leder bezogenes Hammerwerk mit Filz zu bekleiden. Man behalte vielmehr stets die erste Einrichtung bei und ahme mit der neuen Bekleidung die alte möglichst getreu nach, außer etwa, wenn diese selbst sich als fehlerhaft und der Mechanik nicht entsprechend erwiesen haben sollte.

Es ist bereits § 89 einiges über diesen Gegenstand gesagt worden, allein dort handelte es sich nur um einzelne Reparaturen, nicht aber um eine totale neue Bekleidung des ganzen Hammerwerkes. Diese erfordert eine verschiedene Behandlung, zu deren Erläuterung wir das Beispiel eines Filzbezuges wählen, der sowohl etwas schwieriger, als auch allgemeiner ist als die Lederbekleidung.

§ 97. Nachdem man die hölzernen Hammerköpfe sowohl von ihrer Bekleidung, als auch von dem alten Leim vollständig gereinigt hat, schneidet man für jeden einen Streifen Unterfilz und einen zweiten von Oberfilz. Man leimt nun, wie schon § 89 angegeben, den erstern auf der einen Seite an, und wenn der Leim etwas festhält, schlägt man das Leder über den Kopf auf die andere Seite und leimt ringsum sauber fest. Hierauf bringt man das so bereitete Stück in die Hammerform **Fig. 25, a,** und treibt

den Keil b stark ein, so daß der Filzstreifen auf beiden
Seiten des Kopfes recht fest angepreßt wird.

Sobald diese Fütterung vollständig getrocknet ist, leimt
man den oberen Filzstreifen darüber, wobei man den Leim
nur an den beiden Seiten gegen die Enden zu anwendet,
und preßt ihn auf gleiche Weise fest.

Fig. 25.

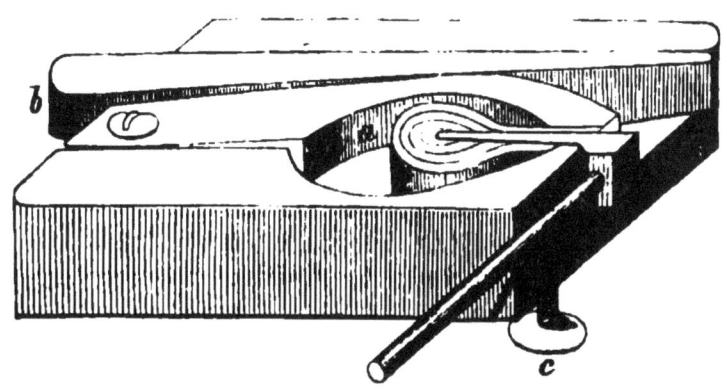

Zum Beschneiden der Seiten bedient man sich derselben Form; nur muß der Hammer so gestellt werden, daß
das Messer, welches flach und scharf sein muß und welches
man ganz glatt über die Form wegführt, die Bekleidung genau
in der erforderlichen Höhe abschneidet und dem Hammer
die richtige Breite läßt. Zu dem Ende befindet sich in der

Fig. 26.

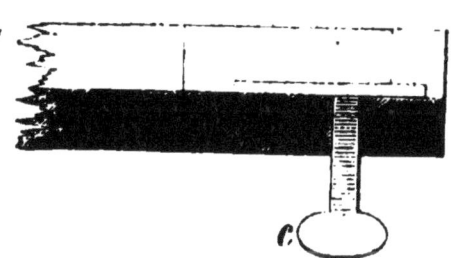

Form eine Schraube, **Fig. 25** und **26,** c, (auf vorhergehender Seite), mittels welcher der Hammerkopf in beliebige Höhe gebracht werden kann *).

Die Erhaltung des Instrumentes.

§ 98. Die Dauer eines gut gebauten Klavieres hängt größtenteils von seiner Behandlung ab, denn wenn auch der Natur der Dinge nach die so komplicierte und zum größten Teil aus weichen Stoffen bestehende Mechanik dieses Instrumentes sich durch den Gebrauch unvermeidlich abnutzen muß, so kann es doch durch Vorsicht und Aufmerksamkeit vor den mancherlei andern schädlichen Einflüssen bewahrt werden, denen es zufolge seiner Zusammensetzung und der Empfindlichkeit seiner verschiedenen Teile besonders ausgesetzt ist.

Es darf wohl überflüssig erscheinen, erst noch darauf aufmerksam zu machen, wie überaus nachteilig und verderblich gerade diesem Instrumente die Nässe sein muß; dagegen findet die Wichtigkeit der Temperatur und der Stellung, in welcher ein Klavier sich befindet, gewöhnlich entfernt nicht die Beachtung, welche dieser Punkt wohl verdient.

Ein aus so feinen Teilen von Holz und Metall verschiedener Arten zusammengesetztes Instrument muß notwendig höchst empfindlich gegen jeden Wechsel der Temperatur sein; in feuchter Luft zieht sich der Leim los, der Resonanzboden bekommt Bauchungen, die Saiten rosten und reißen, die Stimmung verändert sich, und die Teile der

*) Weitere Belehrung hierüber bietet: Blüthner u. Gretschel, Lehrbuch des Pianofortebaues ꝛc.

Mechanik verquellen oft bis zur Unbrauchbarkeit; in einem zu heißen und trocknen Raume schwindet alles Holz, der Resonanzboden bekommt Risse, die Fourniere platzen, und alle Teile verändern ihre Verhältnisse zu einander; in großer Kälte endlich zieht sich das Metall wie das Holz zusammen, die Saiten springen, und auch der Resonanzboden wie der Kasten ist dem Platzen ausgesetzt. Nicht minder nachteilig als diese Extreme der Temperatur ist dem Klaviere die Zugluft, welche in der Regel einen schnellen Wechsel von Wärme und Kälte bringt und demgemäß auch um so verderblicher auf das empfindliche Instrument wirkt.

Man halte daher das Klavier stets in einer möglichst gleichmäßigen mittleren Temperatur, vermeide soviel als nur möglich alle größeren Temperaturänderungen und stelle es deshalb auch weder dicht an eine freie, dem Wetter ausgesetzte Wand, noch zu nahe an den Ofen oder das Fenster.

Wenn nicht darauf gespielt wird, sollte das Klavier stets geschlossen und mit einer Decke von Wolle, Wachstuch oder Leder bedeckt sein. Auch belaste man den Deckel des Instrumentes nicht unnütz, indem man ihn dazu benutzt, große Stöße von Notenheften dort aufzubewahren. Denn derselbe ist nur von verhältnismäßig dünnem Holze und wird durch schwere Lasten leicht krumm gedrückt.

§ 99. Auch die größte Sorgfalt wird das Eindringen von Staub und Insekten nicht gänzlich verhüten können, und es darf daher die periodische Reinigung des ganzen Innern nicht versäumt werden. Zum leichten Ausstäuben bedient man sich eines kleinen Blasebalges; allein man scheue auch die Mühe nicht, von Zeit zu Zeit die Klaviatur herauszunehmen und diese mit allen Teilen der Mechanik sowohl, als auch das Innere des Kastens mit einem feinen Handbesen sorgfältig auszukehren, denn es pflegt sich in letzterem der Staub anzuhäufen, der dann beim Spiel aufsteigt und in die Achsenlöcher dringt.

Den polierten Kasten, sowie auch die schwarzen Tasten reibt man zuweilen mit einem in Nuß- oder Mandelöl getränkten wollenen Lappen ab. Vergoldungen, Bronze, Silbergarnitur, sowie Auslegungen von Elfenbein und Perlmutter werden nicht mit Oel, sondern mit etwas feiner Kreide oder klarem Tripel, auf einen Wollenlappen gestreut, abgeputzt.

§ 100. Man erhalte sein Instrument stets in möglichst reiner Stimmung. Ein neues Klavier sollte alle Monate, ein älteres, dessen Stimmung schon feststeht, alle zwei bis drei Monate von einem Stimmer nachgesehen werden. Am besten ist es, man überträgt einem zuverlässigen Stimmer für ein anständiges jährliches Honorar die Sorge für die gute Instandhaltung des Instrumentes.

Von großer Wichtigkeit ist ferner die genaue Beibehaltung des ursprünglichen Normal- oder Stimmtons, von dem man ohne die dringendsten Rücksichten nicht abgehen sollte; denn in der Regel ist schon der ganze Bau, sowie auch die innere Einrichtung des Instrumentes, Wirbel, Saiten, Spreizhölzer u. s. w. nach dem vorherberechneten Grade der Spannung angeordnet, und jede merkliche Veränderung derselben kann daher leicht Schaden verursachen. Sieht man sich dennoch veranlaßt, die Stimmung um ein Bedeutendes zu erhöhen, so thue man dies nicht sofort, sondern allmählich. Die Versuchung, ein Instrument in der Stimmung herab zu setzen, kommt glücklicherweise nur selten vor, denn ein solches Instrument pflegt in der Regel die Stimmung gar nicht mehr zu halten.

Die Notwendigkeit endlich, jede Beschädigung sogleich zu reparieren und eingeschlichene Fehler sich nie anhäufen zu lassen, namentlich aber gesprungene Saiten ohne Verzug wieder zu ersetzen, ist bereits an mehreren Orten eingeschärft worden.

§ 101. Soll das Instrument von einer Stelle nach einer andern geschafft werden, so hüte man es sorgfältig vor allen Stößen und Erschütterungen. Muß man es für einen weiteren Transport einpacken, so umwickelt man es zuerst mit Flanell und dann mit Papierschnitzeln, die entweder durch große Bogen weichen Papiers oder lange Streifen Sackleinwand festgehalten werden. Hierauf packt man es dergestalt in eine mit Blech gefütterte Kiste, daß das Klavier auf allen Seiten durch elastische Kissen, — mit Heu

ober Stroh dick umwickelte Holzleiſten, — von den Wänden
derſelben abgehalten iſt. Zu größerer Feſtigkeit des Ganzen
befeſtigt man das Inſtrument an ſeiner untern Seite durch
ſtarke, von außen eingelaſſene Schrauben an die Kiſte.
Beim Transport muß das Inſtrument eine ſolche
Stellung bekommen, daß der Reſonanzboden nicht horizontal liegt, ſondern aufrecht ſteht.

Beurteilung und Wahl eines Klavieres.

§ 102. Was über dieſen Gegenſtand zweckdienliches
zu ſagen iſt, läßt ſich in wenig Worten zuſammenfaſſen,
denn nichts kann ergebnisloſer ſein, als jene weitläufigen Aus-
einanderſetzungen von der Art, wie die einzelnen Teile eines
Klavieres konſtruirt ſein, welche Fehler ſie nicht haben
müſſen u. ſ. w., Dinge, welche der Käufer zu ermitteln
und zu beurteilen durchaus nicht imſtande iſt und über
deren wahres Verhalten ſelbſt ein geſchickter Inſtrumenten-
macher ſich meiſtens nach dem bloßen Anblick kein Urteil
erlauben würde. Die allererſte und wichtigſte Bedingung
z. B. iſt, daß das Klavier in allen ſeinen Teilen aus ſehr
altem, völlig ausgetrocknetem Holze gefertigt ſei. Wer aber
vermag ihm das anzuſehen? Und ähnlich verhält es ſich
mit allen andern Erforderniſſen, daher denn ſolche detaillirte
Ratſchläge, Warnungen und Beurteilungsregeln, wie man
ſie nicht ſelten in großer Zahl und Breite findet, in der
Regel nur dazu dienen können, den unglücklichen Käufer mit
falſchem Wiſſen aufzublähen, ſein Urteil zu verwirren und
ſeine Aufmerkſamkeit von dem einzigen Punkte, den er wirklich beurteilen kann und ſoll: Anſchlag und Ton, abzu-
lenken. Alles übrige erprobt ſich erſt durch den Gebrauch,
und man muß ſich hierin gänzlich auf den Ruf und die
Rechtſchaffenheit des Fabrikanten verlaſſen; denn ſolche Kon-

struktionsfehler, die einem Käufer etwa auffallen könnten, wissen auch die größten Stümper wohl zu vermeiden und thun es auch.

Man richte daher seine ganze Aufmerksamkeit lediglich auf den Anschlag und den Ton, ohne sich durch eine mit strenger Kennermiene vorgenommene kritische Untersuchung der Konstruktion im einzelnen lächerlich zu machen. Allein auch über diese beiden Punkte läßt sich eigentlich weiter nichts sagen, als daß man in der Auswahl eben seinen persönlichen Geschmack befriedigen möge; denn jene allgemeinen Bedingungen: daß der Anschlag elastisch, präcis, ohne Störung und Hemmung, sowie der Ton voll und gleichmäßig sei, finden sich bei allen Instrumenten namhafter Fabrikanten gleichmäßig erfüllt, und es liegt der einzige merkliche Unterschied ihrer verschiedenen Instrumente in der relativen Schwere oder Leichtigkeit des Anschlages und der vergleichsweise größeren Helligkeit oder Weichheit des Klanges, um dadurch den oft sehr abweichenden Forderungen der Käufer zu begegnen.

Vor dem Ankauf eines neuen Instrumentes von unbekannten, kleinen Klaviermachern ist dagegen, so hart es auch klingen mag, im allgemeinen eher zu warnen, und zwar eben wegen der Unmöglichkeit, den wahren Wert eines Instrumentes, d. i. seine Dauerhaftigkeit, durch eine bloß äußerliche Untersuchung und anders, als durch die Erfahrung zu ermitteln. Es soll hiermit keineswegs der Geschicklichkeit angehender oder minder renommirter Klaviermacher zu nahe getreten, sondern nur die Notwendigkeit eingeschärft werden, in allen Fällen, wo nicht ein anerkannter Ruf für den Wert gewisser Instrumente bürgt, zuvor genaue Erkundigung bei Leuten einzuziehen, die Klaviere des betreffenden Fabrikanten bereits längere Zeit in Gebrauch haben, denn, wie gesagt, Beurteilungsvorschriften nützen hierbei nicht mehr als bei Ankauf einer Uhr.

Zu warnen ist unter allen Umständen vor den bloßen Zwischenhändlern, die zum Ankauf von Instrumenten verleiten, welche nicht gerade empfehlenswert sind, und zwar bloß deshalb verleiten, weil der betreffende Fabrikant (nur allzuoft wegen mangelhafter Ausführung) imstande ist, ihnen einen Procentsatz als Provision zu bewilligen.

Anders als mit der Beurteilung eines neuen Pianos verhält es sich dagegen mit der Untersuchung eines ältern, schon gebrauchten Instrumentes, dessen Wert natürlich um so geringer ist, je mehr es von den Vorzügen eines neuen verloren hat. Außer der allgemeinen Prüfung des Anschlages und Tones, wird man daher seine Aufmerksamkeit auf den Zustand der Tasten richten und nachsehen, wie weit sie festsitzen, oder wackeln, ob die Hämmer sicher ansprechen, namentlich bei schneller Wiederholung desselben Tones, ob die Dämpfung nirgends stockt und die Züge ohne Hemmung ihren Dienst verrichten. Dann wendet man seine Aufmerksamkeit dem Resonanzboden, den Schlingenleisten und dem Wirbelstocke zu, kurz, untersucht den Zustand des ganzen Instrumentes nach Maßgabe dessen, was man sich bereits selbst aus den vorhergehenden Kapiteln über Reparatur, Erneuerung und Erhaltung eines Klaviers wird entnommen haben.

Endlich halte man sich frei von Vorurteilen in Betreff der verschiedenen Konstruktionsmethoden. Es ist keine im allgemeineren Gebrauch, die nicht ihren besondern Wert hätte, und noch keine erfunden, die unbedingt die allerbeste wäre, welchenfalls die andern sogleich aufgegeben würden. Selbst Klaviere mit der ältern Mechanik haben zuweilen den für Schüler sehr anerkennenswerten Vorzug einer gewissen Unverwüstlichkeit, wenn auch Ton und Anschlag höheren Anforderungen nicht zu genügen vermögen.

Die Lebensklugheit erfordert es, daß man ein Instrument, mag es neu oder alt sein, seinem Besitzer gegenüber nicht tadelnd beurteile; denn jeder Mensch hält sein Besitztum für wert und meidet denjenigen, welcher den (eingebildeten oder wahren) Wert seines Eigentums heruntersetzt.

———————

Verlag von B. F. Voigt in Weimar.

J. Blüthner und H. Gretschel,

Lehrbuch des Pianofortebaues

in seiner Geschichte, Theorie und Technik, oder Bau, Zusammenfügung und Reparatur der tafelförmigen Pianofortes, Flügel und Pianinos, nebst einer Darstellung der hierauf bezüglichen Lehren der Physik und einem kurzen Abriß der Entwickelungsgeschichte der Pianofortes. Für Pianofortebauer und Musiker. Mit Atlas. gr. 8. Geh. 8 Mark 50 Pfge.

G. A. Wettengel,

Lehrbuch der

Geigen- und Bogenmacherkunst,

oder theoretisch-praktische Anweisung zur Anfertigung und Reparatur der verschiedenen Arten Geigen und Bogen, sowie der Guitarren, nebst einer Darstellung der darauf bezüglichen Lehren der Physik. Zweite Auflage, zeitgemäß umgearbeitet von Heinrich Gretschel. Mit einem Atlas, enthaltend 10 Foliotafeln. gr. 8. 8 Mark 25 Pfge.

Girbert,

kleine theoretisch-praktische Tonschule

oder die wichtigsten Regeln der Tonsetzkunst in ihrer Anwendung in zahlreichen Beispielen und Aufgaben. Ein Lehrbuch zunächst für Präparanden-Anstalten, sowie für niedere Klassen in Seminarien und für Dilettanten zum Selbstunterricht. Zweite vermehrte Auflage. gr. 4. Geh.
3 Mark.

J. G. Heinrich,

Orgelbau-Denkschrift

oder der erfahrene Orgelbau-Revisor. Ein Ratgeber für Gemeinde-Kirchenräte, Geistliche, Organisten, Kantoren, sowie für alle, welche Interesse am Orgelbau nehmen.
8. Geh. 1 Mark 50 Pfge.

Verlag von B. F. Voigt in Weimar.

J. G. Meister,

vollständige

Harmonie- und Generalbaßlehre

und Einleitung zur Komposition. Ein Lehrbuch zum Selbstunterricht. Zweite vermehrte Auflage. Mit 37 Tabellen
mit Aufgaben und praktischen Uebungen für den Schüler.
Nebst einem alphabetischen Nachschlageregister.
gr. 4. Geh. 3 Mark.

Fr. Seidel,

Lieder-Tafel.

75 deutsche Volkslieder für mehrstimmigen Männergesang.
Ein Taschenbuch für Gesangvereine. Erstes Bändchen.
gr. 12. Geh. 2 Mark.

Fr. Seidel,

Lieder-Tafel.

75 deutsche Volkslieder für mehrstimmigen Männergesang.
Zweites Bändchen. gr. 12. Geh. 2 Mark 50 Pfge.

Fr. Seidel,

deutsche Schulgesänge.

Dritte verbesserte und vermehrte Auflage.
8. Geh. 1 Mark.

Fr. Seidel,

100 auserlesene

deutsche Volkslieder,

mit Begleitung des Klaviers. Dritte verbesserte Auflage.
12. Geh. 2 Mark.

W. Wedemann,
150 Kinderlieder mit Begleitung des Klaviers.

Eine Ergänzung zu jeder Klavierschule. Dreizehnte vermehrte und verbesserte Auflage, herausgegeben von Friedrich Seidel, Meister des freien deutschen Hochstifts zu Frankfurt a. M. 4. Geh. 4 Mark.

W. Wedemann,
126 praktische Uebungen

für den progressiven Klavierunterricht. Nach pädagogischen, durch die Erfahrung bewährten Grundsätzen und mit genauer Berücksichtigung der Fassungskraft, auch der weniger fähigen Schüler, unter steter Hinweisung auf die Theorie. 1. Heft, siebenzehnte verbesserte Auflage; 2. Heft, zehnte verbesserte Auflage; 3. Heft, siebente verbesserte Auflage; 4. Heft, siebente verbesserte Auflage. Quer 4. Jedes Heft 1 Mark. Alle 4 Hefte 4 Mark.

W. Wedemann,
praktisches Orgelmagazin,

enthaltend eine Sammlung der gangbarsten und wertvollsten Choral-Melodieen mit mehrfach veränderter harmonischer Begleitung und vielen Zwischenspielen, leicht ausführbaren Modulationen nebst allen den Orgelsätzen, welche bei Intonationen, bei der Feier des heiligen Abendmahles 2c. vorkommen. Ein Hilfsbuch zum Gebrauch bei öffentlichem Gottesdienst, wie auch zum Studium für angehende Orgelspieler. Im Verein mit G. Töpfer, E. Hentschel und mehrern andern Orgelkomponisten herausgegeben. Zweite revidierte Auflage. Quer 4. 6 Mark.